판
사
유
감

# 판사유감

문유석 지음

判　　事　　有　　感

문학동네

# 차례

개정판 서문 _07
초판 서문 _11


**1부**
**판사의
일**

막말 판사의 고백 _19

파산이 뭐길래 _29

담담한 동심 _37

한 번도 용서받지 못한 사람 _54

베트남 며느리의 살인미수 _63

음주운전, 어찌하오리까 _72

징역 1년의 무게 _79

사람 목숨의 값 _90

희망이 인간을 고문한다 _99

신은 말했다, 인간은 빵만으로 생존할 수 없다고 _109

짓밟힌 것은 몸이 아닌 마음 _115

어떤 강간사건 판결문 _125

영업 방해 판사, 호통 판사, 구호 복창 판사 _133

지성과 반지성 _142

서울 법대와 하버드 로스쿨 1 _152

서울 법대와 하버드 로스쿨 2 _158

서울 법대와 하버드 로스쿨 3 _164

서울 법대와 하버드 로스쿨 4 _174

그래서 행복하세요? _180

**2부**

**판사들의
대나무숲**

침묵의 공포 _189

불편한 진실 _196

사랑과 전쟁 _206

한국형 세미나 유감 _216

이유 같지 않은 이유로 _222

법원 유모아 _231

재판하기 위해서는 야근할 시간이 없다 _242

제도 이전에 욕망이 있다 _248

나는 놀기 위해 태어났다 _256


**3부**

**법원
유감**

대화가 필요해 _265

왜 법관들은 행복하지 못할까? _272

법관이 누릴 수 있는 행복, 그리고 그걸 가로막는 요소들 _277

법원행정처는 왜 문제인가 _288

아빠도 아빠가 처음이듯, 우리도 이런 일은 처음이잖아요? _301

법관의 정치성 _303


에필로그 _309

일러두기

• 이 책은 2014년 출간된 『판사유감: 현직 부장판사가 말하는 법과 사람 그리고 정의』의
  개정증보판입니다.

　어느새 『판사유감』이 출간된 지 5년이라는 시간이 지났습니다. 그동안 함께 작업을 해온 문학동네로 둥지를 옮겨서 개정판을 내게 되었습니다.

　『판사유감』이 출간된 것은 2014년이지만, 실린 글들은 그보다 훨씬 오래전부터 꾸준히 법원 내부 게시판에 써온 글들입니다. 예를 들어 「파산이 뭐길래」는 제가 서울중앙지법 파산부에서 근무하던 2005년에 쓴 글이지요.

　지금보다 훨씬 젊은 시절에 쓴 글들이기에 미숙하고 치기어린 부분들이 눈에 띄어 민망하기도 합니다만 그 또한 제 모습이겠지요. 5년이라는 시간 동안 법이 개정되고, 음주운전 단속기준이 강화되는 등 몇 가지 변화가 있었기에 이러한 부분들을 반영하여 내용을 수정했습니다. 그리고 『판사유감』 출간 후인 2015년부터 법관게시판에 쓴 새로운 글들을 추가로 실었습니다.

개정판 작업을 위해 제가 게시판에 써온 글들을 다시 읽으며 만감이 교차했습니다. 그 글들에는 언제나 '그럼에도 불구하고'가 있었습니다. 그럼에도 불구하고 묵묵히 헌신하는 다수의 법관들에 대한 존경과 애정, 방법론은 다를지 몰라도 각자 나름의 선의를 가지고 일하고 있을 것이라는 신뢰, 법원에 많은 문제가 있지만 분명 한 걸음씩 나아지고 있다는 낙관.

그런데 그 모든 것을 한번에 무너뜨린 순간이 오고야 말았습니다. 법원행정처 컴퓨터에서 발견된 문건들이 공개된 2018년 1월의 어느 날, 그동안 딛고 살던 땅이 무너져내리는 것 같은 충격을 받았습니다. 이런 문건들이 동료 법관들에 의해 작성되고, 누군가는 이런 일들을 지시하고, 이런 내용을 태연히 보고받고, 이걸로 회의를 했다는 사실만으로도 눈앞이 아득해지고 국민들께 죄스러운 생각에 견딜 수 없이 참담했습니다.

더구나 이런 일을 한 이들은 어디 먼 곳에 있는 모르는 사람들이 아니었습니다. 평소 잘 알고 지내던 선후배, 동료들이었습니다. 지금도 구내식당에서 마주치며 인사를 나누는 이들이었습니다. 그것은 참으로 고통스러운 일이었습니다. 분노보다 더 무서운 것이 절망과 슬픔임도 알게 되었습니다.

저는 『판사유감』 초판 마지막에 다짐하듯 이렇게 썼습니다.

Anyone can be cynical.
냉소적으로 구는 건 누구나 할 수 있어.
Dare to be an optimist.
담대하게 낙관주의자가 되라구.

……부디 그럴 수 있기를.

2019년 10월
문유석

      책의 프롤로그를 쓴다는 것이 참 어렵
더군요. 평소 책의 프롤로그란 결국 그럴듯하게 포장한 '변명'
아닐까 생각했기 때문입니다.

    하루키는 수필에서 자신이 생각하는 사내아이란 "운동화를
신고 다니고, 한 달에 한 번 이발소에 가며, 일일이 변명하지 않
는다"고 정의했었죠. 저도 그런 쿨한 사내아이가 되고 싶긴 한
데, 뭐 어차피 운동화는 헬스장에서나 신고, 3주에 한 번 동네 미
용실에 다니는 주제이니 일일이 책에 대한 변명도 늘어놓기로
했습니다.

    처음 내는 책의 프롤로그란 소개팅에 나가 어색하게 자기

를 소개하는 일 같기도 해요. '이 자가 누구인데 내 귀중한 시간을 빼앗으려는 거지?'라며 위아래를 훑어볼 눈 높은 분들께 저를 어필해야 할 텐데 어설프게 폼 잡아봤자 쉽게 그린라이트가 켜질 리 없으니 차일 때 차이더라도 정직해야 할 것 같네요.

이 책에 실린 대부분의 글들은 원래 출간을 목적으로 일반 독자를 대상으로 쓴 글이 아닙니다. 법원에는 내부통신망이 있고 법관용 게시판이 있습니다. 사내보 격인 『법원회보』도 있지요. 주로 십여 년에 걸쳐 틈틈이 그런 공간에 올렸던 글들입니다. 대부분 동료 법관들을 독자로 하여 썼고 동료 법관들이 댓글도 달며 공감해주곤 했으니 '판사들의 수다'인 셈이지요. 아무래도 재판을 하며 느꼈던 글들이 제일 많지만 그 외에도 해외연수 때 느낀 것, 평소 법원이라는 직장 내 문화에서 느낀 것까지 다양합니다.

그런데 법원이란 곳이 워낙 폐쇄적이다보니 속사정에 관심들이 있으신지 법원 내부 게시판에 쓴 글인데도 언론에 보도되는 경우가 생기더군요. 법원의 직장 내 문화에 관하여 초임 부장판사로서 느낀 점을 썼던 '초임 부장 일기' 시리즈가 언론에 보도된 일을 계기로, 기고 의뢰를 받아 일부를 『월간중앙』에 연재하게 되었고 몇몇 곳으로부터 출간 제의까지 받게 되었습니다.

하지만 책을 내는 것에 대해서는 오래 망설일 수밖에 없었습니다. 무슨 공직 생활을 마치고 일생을 회고하는 원로도 아니고, 핫한 셀러브리티도 아니고, 그렇다고 비장하게 뭔가를 비판하고자 하는 내부고발자도 아니고, 그저 사십대 중반의 한 직장인일 뿐인 제가 써온 잡다한 글을 책으로 내도 되는 걸까 싶더군요.

그럼에도 불구하고 감히 책을 내기로 한 이유는 결국 제가 그러고 싶어서입니다.

무슨 거창한 이유가 있어서가 아니고요, 그냥 살다보면 저도 모르게 쓰고 싶은 이야기가 생길 때가 있더라고요. 글쓰기란 결국, 누군가 읽어주길 바라며 병 속에 편지를 담아 흘려보내는 일이니 법원게시판에 쓰든 책을 내든 누군가 제 글을 읽어주길 바라서 하는 짓인 건 매한가지겠지요.

무병에 걸리면 내림굿을 받아야 한다는데 누군가 책을 내주어 거하게 내림굿을 해준다니 책을 낼 자격 등은 그분들의 전문가적 판단에 맡기고 전 그저 과분한 행운에 감사하기로 했지요.

어쩔 수 없이 직업이 현직 판사인지라 책을 낸 후의 구설수가 두려웠는데 가장 힘이 된 조언은 "세상 사람들은 생각보다 남의 일에 관심 없으니 걱정 말고 한번 해봐라"였네요.

뻔뻔스럽지만 욕심은 제 글을 재밌게 읽는 분들이 생겨서 앞으로도 다양한 글을 쓸 기회가 생겼으면 하는 거예요. 어렸을 때 워낙 만화를 좋아해서 만화 스토리 작가가 되고 싶었는데 그래서인지 판사가 나오는 영화나 드라마 대본도 써보고 싶고, 여행을 너무나 좋아해서 여행 책도 써보고 싶고 그러네요.

그리고 애초에 외부 독자를 염두에 두고 쓴 글이 아닌 오랫동안 내부 게시판에서 동료 판사들과 나누어온 이야기들이라는 점에 대해서는 오히려 그 자체에 의미를 부여할 구석을 발견했습니다.

언제부터인지 우리 사회에서 판사라는 사람들은 외계인, 화성인 취급을 받고 있는 것 같아요. 유감스럽게도 별에서 온 머리 작은 그대 같은 멋진 존재와는 웜홀로도 연결 불가능한, 꼴 보기 싫고 도대체 무슨 생각으로 사는지 알 수 없는, 그들만의 세상 속에서 알 수 없는 언어로만 이야기하는 외계인들이겠죠.

'화성에서 온 판사, 금성에서 온 국민'이라는 표현을 쓴 기자도 계시더군요. 그렇게 미지의 종족이라면 파푸아뉴기니 정글 속 부족을 연구하듯 판사라는 부족의 일상을 관찰한 인류학적 보고서도 가치가 있을 것 같아요. 다만 과학적 객관성을 위해 전제할 것은 무슨 루소의 『참회록』도 아니고 일부러 자기 비행과 치부를 고해하는 대화를 나누어왔을 리는 없고, 그래도 뭔가 긍정적인 고민을 공유할 때 글을 썼을 테니 그런 점을 감안해야겠지요.

이 글들은 저라는 한 개인이 판사의 일을 통해 비로소 조금씩 세상을 발견해가는 여정이기도 합니다. 이건 참으로 부끄럽고 죄송한 일이죠. 충분히 세상에 대해 알고 고민해온 원숙한 인

격의 사람이 비로소 남을 재판하는 무거운 책임을 져야 하는데 단지 시험 몇 개의 성적만으로 젊고 미숙한 채 그 책임을 맡았으니까요. 게다가 저는 성장기에 유독 타인에 무관심한 철저한 개인주의자에 에고이스트였고, 성격은 쉽게 변하지 않으니 더욱 그렇습니다.

보통 법조인들은 어린 시절부터 사회정의를 위해 헌신하겠다, 약자를 돕겠다는 꿈을 키워왔다는데 저는 학창 시절, 좋아하는 책과 음악만 잔뜩 쌓아놓고 섬에서 혼자 살면 좋겠다, 남에게 폐는 안 끼칠 테니 간섭받지 않고 자유롭게 살고 싶다는 생각만 하면서 살았거든요. 그러다 80년대 후반에 대학에 갔으니 아무리 개인주의자라도 세상에 대해 무관심할 수만은 없었지요. 하지만 그래도 본성은 바뀌지 않더라고요. 세상의 고통받는 사람들에 대한 책이나 신문기사를 읽으면 눈물을 흘리지만 정작 곁에 있는 사람들에 대해서는 무관심하니 제겐 사회도, 인간도, 추상과 관념 속의 존재일 뿐이었습니다. 미래에 대해서도 훌륭한 사람보다 그저 행복한 사람이 되고 싶다는 생각만 했어요. 이건 지금도 마찬가지고요. 그러니 법대나 사법연수원에서 어떤 방향으로든 치열한 목표의식을 가진 이들과 부대끼면서 계속 라디오헤드의 노래 〈Creep〉 가사처럼 겉돌 수밖에 없었죠.

'What the hell am I doing here? I don't belong here……'

그러다 판사가 되어 일을 하면서 뒤늦게 깨닫는 것들이 많습니다. 자기 딴에는 최선을 다한다 해도 오판으로 남의 인생을 망칠 수 있는 일을 하면서 남에게 폐 안 끼치고 살겠다는 자신감이 얼마나 헛된 망상인지, 책에서 본 추상적인 인간과 실제 세상에서 살아가는 사람들이 어떻게 다른지……

그래서 어느 고등학교에 법 관련 강의를 의뢰받아 갔다가 "학생 시절에 왜 판사가 되고 싶으셨어요?"라는 질문을 받고 바로 답을 할 수 없었습니다. 학생들에게 법원에 대한 신뢰를 주긴 줘야 하는데 그렇다고 거짓말을 하고 싶지는 않고.

결국 잘한 짓인지는 모르겠지만 이렇게 대답했습니다.

"솔직히 그저 좋은 직업을 갖고 싶어서였던 것 같아요. 경제적 여유가 있는 환경도 아니었으니 우선 내 힘으로 먹고 살 수 있는 안정된 직장이 필요했고, 이왕이면 최대한 남의 간섭 안 받고 할 수 있는 일을 하고 싶었거든요. 부끄럽지만 판사의 일을 하면서 뒤늦게 그때 했었어야 할 고민을 하고 있는 것 같아요."

이 책은, 결국 그 질문에 대한 긴 대답인지도 모르겠습니다.

1부

# 판사의
# 일

●

판사들은 보통 2년마다 담당 업무가 바뀝니다. 1부의 글들은 제가 지난 십여 년간 다양한 분야의 재판을 경험하면서, 또 미국 로스쿨에서 해외연수 기회를 가지면서 느낀 것들을 그때마다 법관게시판이나 『법원회보』에 썼던 글들입니다.

# 막말
## 판사의 고백

—

막말 판사가 누구냐고요?

……바로 접니다. 저도 전과가 있기 때문에 막말 판사 파문이 있을 때마다 몸 둘 바를 모르겠습니다.

어느새 십 년도 넘는 오랜 시간이 지났군요. 당시 재판장 옆에 앉아 말 한마디 못하는 배석판사(재판에서 합의부 구성원 가운데 재판장 이외의 판사. 소송 지휘권은 없으나 재판장에게 알리고 당사자, 증인, 감정인들을 심문할 수 있다) 생활을 마치고 삼십대 초반의 나이에 혼자 재판을 진행하는 단독판사, 그것도 형사재판을 담당하는 형사단독판사가 된 저는 의욕에 불타고 있었습니다. 매주 연극무대에 서는 배우처럼 법정에 들어갈 때마다 가슴이 설레곤 했지요.

지금은 법관의 선입견을 방지하기 위해 검찰 측이 증거를 미리 낼 수 없고 재판기일에 비로소 제출해야 하는 증거분리제출제도가 확립되어 있지만, 이 당시에는 재판기일 전에 수사기록 일체를 법원에 넘기는 것이 관행이었습니다. 저도 매일 야근하면서 수사기록을 꼼꼼히 읽고 사건을 파악한 후 재판에 들어가곤 했지요.

그러던 어느 날, 특이한 사건을 발견했습니다. 피고인은 오십대 후반의 나이인데 전과가 20회가 넘고 교도소에서 20년에 가까운 시간을 보낸 것입니다. 죄명도 대부분 똑같습니다. 상습사기. 특이하게도 형량도 다 고만고만합니다. 처음에는 벌금, 집행유예도 눈에 띄는데 몇 번 후에는 징역 6월, 징역 8월, 징역 10월, 징역 1년, 그다음에는 계속 징역 1년, 징역 1년, 징역 1년의 반복. 수학 시간에 배우던 수열 문제 같아서 관계식을 세워서 풀어봐야 할 것 같더라고요.

도대체 이런 상습사기꾼이 왜 이 정도 형량만 반복하고 있는 건지 궁금해서 종전 범죄 사실을 봤더니 이런 식입니다.

가족이 돌아가시거나 연락이 끊기고 홀로 막노동으로 먹고 살던 피고인. 어느 날 단벌 양복을 꺼내 입고 룸살롱에 떡하니 나타납니다. 평소 동네 구멍가게에서 깡소주만 마시던 양반이 양주를 호기롭게 시키고, 아가씨도 부릅니다.

　술집 주인은 피고인의 허름한 풍채에 의심이 가긴 하지만 손님이 왕인지라 시키는 대로 과일 안주, 추가 술병을 날라다 줍니다. 나라 잃은 백성마냥 한바탕 폭음을 하고 이산가족 상봉이라도 한 것처럼 아가씨를 부둥켜안고 있던 이 아저씨, 계산서가 들어오자 당당히 지갑을 꺼내 2만 원을 내놓고는 나머지는 외상이랍니다. 초면에 무슨 외상이냐며 술집 주인이 길길이 뛰지만 태연한 피고인은 경찰서에서도 의연합니다. 사업하는 친구와 약속을 했는데 그 친구가 연락 없이 나타나지 않아서 어쩔 수 없이 외상을 했을 뿐이라는 거지요. 그런데 사업한다는 친구는 찾을 길이 없습니다.

　이런 일을 몇 번 반복하다 결국 교도소 신세를 지게 되는데, 복역 후 출소하면 한동안은 또 노동일을 하며 착실하게 삽니다. 그러다 어느 날, 또 갑자기 단벌 양복을 꺼내 입고 갈빗집에 나타납니다. 동행도 없이 혼자서 최고급 생갈비를 푸짐하게 시켜 반주까지 곁들여 드시고는 계산서가 오자 양복 주머니를 뒤적뒤적합니다. 그러다가 "하이고, 이거 오다가 지갑을 소매치기 당했구먼! 어쩐지 아까 부딪힌 놈이 수상하더라니. 이거 말세여 말세. 젊은 놈들이 일할 궁리는 안 하고 남의 물건을 탐하고 말이야. 다 교육이 문제여 문제!" 우국지사의 풍모로 장탄식을 토합니다. 그러고는 시대의 아픔을 짊어진 채 다시 교도소로

향하지요.

처음에는 풍채가 그럴듯했는지 룸살롱, 단란주점, 갈빗집 등에서 이런 행각을 벌였는데, 징역살이가 십 년을 넘어가자 '잇 아이템'인 단벌 양복을 차려입어도 행색이 초라해서인지 세상이 예전처럼 어수룩하지 않아서인지 범행 장소가 점점 소박해지더 군요. 과부촌, 관광나이트, 노래방, 삼겹살집, 막걸릿집, 대폿집, 돼지껍데깃집……

그리하야 이번 재판할 사안은 이렇습니다. 그렇게 징역을 살다 출소한 피고인, 출소 당일 터벅터벅 교도소에서 나와 길을 걷다 마침 지나던 택시를 세웁니다. 택시에 올라탄 피고인은 장 거리를 뛰자고 말해 기사님을 신나게 만들지요. 충남에서 강릉 까지, 택시기사님 사납금 한 방에 채우게 생겼습니다.

그런데 목적지에 도착했는데 고개를 갸웃거리더니 "기사 양 반, 내가 오랜만에 이쪽에 와서 헷갈렸나본데 여기가 아니고 좀 더 가야 되겠어" 그러고는 이리로 저리로 근처를 헤매고 다니는 사이 해는 져서 어두운데 손님은 고개만 갸웃.

아무리 착한 기사 아저씨도 화가 나죠. 더이상 못 가겠으니 택시비나 내라고 했더니 피고인 왈, 지금 수중에 돈은 없지만 절 친한 친구가 이 동네에 사는데 아무 걱정 말고 꼭 찾아와라, 택 시비도 내주마 했다는 겁니다.

경찰서에 가도, 검찰청에 가도 피고인의 진술은 일관됩니다. 전에 친구 집에서 며칠 지낸 적이 있어서 당연히 쉽게 찾아갈 줄 알았고, 출소하면 꼭 찾아와서 같이 지내자고 해서 철석같이 믿고 찾아간 것인데 나이 먹고 오랜 징역살이에 머리가 흐리멍덩해졌는지 도통 찾을 수가 없다, 주소를 물으니 동네 이름까지만 기억나는데 그것도 확실하진 않다……

기록을 읽다보니 젊은 혈기에 분통이 터지기 시작하더군요. 자기 처지가 그렇다고 열심히 사는 서민들 눈에 피눈물 나게 하는 짓을 반복하다니, 그것도 출소한 당일에.

갑자기 떠오른 생각은 이건 교도소로 돌아가기 위해 일부러 저지른 짓 아닌가 하는 것이었습니다. 노숙생활을 하다가 차라리 체포되어 교도소에서 추운 겨울을 나기 위해 일부러 잘못을 저지르고 다니는 오 헨리의 단편 「순경과 찬송가」처럼 말이죠.

오십대 후반의 나이, 일생 징역살이만 반복하면서 뾰족한 기술도 없고 몸도 신통치 않아 막노동도 못하겠고, 가족도 친구도 없으니 교도소가 오히려 유일한 삶의 터전 아니었을까 싶었습니다.


다음날 법정에 들어가 드디어 피고인을 만났습니다. 왜소한 체격이더군요. 국선변호인은 피고인에게 범행을 인정하고 선처를 구할 것을 권유했지만 피고인의 주장은 법정에서도 한결같았습니다. 친구를 찾아달라, 그 친구만 증인으로 세우면 내 억울함을 풀 수 있다.

피고인이 주장하는 친구의 인적사항, 가족관계, 직업 등을 캐물었지만 질문할 때마다 조금씩 답이 달라지더군요. 결국 저는 참지 못하고 말았습니다.

"피고인, 계속 그렇게 거짓말할 겁니까? 솔직히 말해보세요. 사실 피고인은 출소 후 살길이 막막해서 그냥 이런 짓을 하고 다시 교도소로 돌아가려고 한 것 아닙니까?"

"판사님, 아닙니다! 제가 얼마나 출소할 날만 기다렸는데 그런 짓을 하겠습니까? 그 친구 놈만 찾아주시면 다 아시게 될 겁니다."

"피고인, 평생 그런 식으로 없는 친구나 친척을 내세워 범행을 반복했는데 또 그 이야기입니까? 교도소 콩밥도 국민의 혈세로 마련하는 겁니다. 피고인에게는 콩밥도 아깝습니다!"

그런데 두 손을 앞으로 모으고 공손하게 대답하던 피고인이 마지막 한마디를 듣더니 고개를 번쩍 들며 저를 쏘아보는 겁니다.

"판사님, 콩밥도 아깝다니요? 저는 이 나라 국민도 아닙니까? 사람도 아닙니까?"

저는 움찔했습니다. 그래도 겉으론 태연한 척하며 일단 재판을 다음 기일로 속행시키고 법정을 나왔습니다.

그날 밤 저는 잠을 이루지 못하고 고민했습니다. 제가 무슨 권리로 남을 그렇게 모욕할 수 있겠습니까. 법복을 벗으면 저는 그냥 삼십대 초반의 젊은이일 뿐이었습니다. 저라는 개인에게 무슨 자격이 있어서 남을 심판하는 것이 아니라, 국민을 대신해 재판을 담당하는 판사라는 직책을 맡았기에 그 일을 하는 것뿐입니다.

그런데 저는 법정에서 저보다 이십 년은 더 살아온 분에게 개인적인 감정을 내뱉은 것입니다. 더 큰 잘못은 법관인 제가 선입견을 가지고 무죄를 주장하는 피고인의 주장을 무시한 것입니다. 전과자든, 상습범이든, 일단 무죄로 추정되어야 하고 재판에서 자신을 방어할 권리를 보장받아야 합니다. 그런데 명색이 법관인 제가 수사기록을 예습하고 와서는 피고인의 말을 듣기도 전에 거짓말이라고 단정하고 있었던 것입니다.

고민 끝에 다음번 재판기일이 돌아왔습니다. 피고인이 법정에 서자 저는 말했습니다.

"피고인, 재판을 시작하기 전에 드릴 말씀이 있습니다. 지난번 재판에서 제가 했던 말은 해서는 안 될 잘못된 말이었습니다. 사과드리겠습니다. 죄송합니다."

솔직히 이 몇 마디 말을 하는 것이 쉽지 않았고, 얼굴 표정은 굳어 있었을 겁니다. 이때만 하더라도 지금보다 법정의 권위를 더 강조하는 분위기였고, 조언을 구했던 선배 법관들은 이런 행동에 부정적인 반응이었습니다. 오버하는 것 아니냐, 너 개인이 재판하는 것이 아니라 형사재판부라는 국가기관으로서 재판하는 것인데 법정에서 개인적으로 사과하는 것 역시 말이 안 된다, 사과하고 싶으면 개인 자격으로 구치소에 찾아가서 해라.

일리 있는 말씀이었지만 저는 고민 끝에 법정에서 직접 사과하기로 결심했습니다. 법정에서 범한 잘못이니 법정에서 사과하는 것이 맞지 않을까, 또 국가기관이 국민에게 잘못을 했으면 사과하는 것이 당연한 것 아닐까 하는 생각이었던 거죠.

그리고 이야기했습니다.

"피고인, 전에 이야기했던 친구 분을 증인으로 채택하겠습니다. 아는 데까지 그분의 인적사항을 이야기해보십시오. 소환장을 보내겠습니다."

그러고는 두 번, 세 번에 걸쳐 재판을 속행하면서 증인의 소재를 찾았습니다. 피고인이 말해준 동네 동사무소에 조회한 결과 그런 이름의 사람이 거주한 흔적은 없었고, 다시 피고인이 말해준 다른 동네로 조회해봐도 마찬가지였습니다. 결국 피고인이 더이상 다른 동네를 말하지 않자 재판을 마치기로 했습니다.

"피고인, 아무리 찾아봐도 증인을 찾을 수가 없군요. 이제 재판을 마치고 지금까지 제출된 증거를 가지고 판단해보겠습니다."

2주 후, 저는 피고인의 상습사기 혐의를 유죄로 인정하고 다시 징역 1년을 선고했습니다. 피고인은 묵묵히 퇴정했고요.

재판을 마친 후에도 피고인 생각을 지울 수가 없었습니다. 이번에 복역한 후에도 같은 일이 반복될 가능성이 많은데, 공장에서 통조림 만들듯이 기계적으로 형을 선고하는 것이 무슨 의미가 있을까 싶었죠. 그래서 역시 오버라고 생각하면서도 교도소 측에 피고인이 기술교육 같은 것을 받고 있지 않느냐고 물었습니다. 그랬더니 이발 기술을 배우고 있다고 하더군요.

지역사회 사정에 밝은 고참 직원에게 부탁하여 여기저기 수소문한 결과, 한 작은 교회 목사님이 피고인이 출소하면 사택에 방을 내주어 기거하게 하면서 신도들과 부속 고아원 아이들의 전속 이발사로 일하게 해주겠다고 하시더군요. 교도소 측을 통해 이 사실을 피고인에게 알리고 목사님께 부탁하여 피고인을 면회하도록 했습니다.

그랬더니 판사실로 두툼한 편지가 날아오기 시작했습니다. 피고인이었습니다. 편지지에 큼직큼직한 글씨로 출소하면 새사람이 되어 인간답게 한번 살아보겠다는 희망과 다짐을 적어 보내시고, 또 보내시더군요. 판결 선고 전에 형을 가볍게 선고해달라는 반성문은 거의 모든 피고인들이 적어내지만 선고한 이후에 편지를 받아본 것은 처음이었습니다.

일 년이 지나 출소한 후에는 좀더 예쁜 편지지에 교회 이발사로 행복하게 살고 있는 모습을 담아 보내기 시작하시더군요. 다행이다 싶기도 하면서 과분한 감사 표현에 부담스러워 이제는 더 보내지 않으셨으면 생각하기도 했습니다.

계절마다 오던 편지가 점점 줄더니 삼 년 정도가 지난 어느 해부터는 드디어 편지가 딱 끊겼습니다. 그제야 맘이 편해지더군요.

그런데 그후로 불현듯 떠올랐다 애써 지우곤 하는 생각이 있습니다. 저 자신을 스스로 생각해봐도 인간이란 그리 쉽게 바뀔 수 있는 존재가 아닙니다. 너무나 건전하고 성실한 교회 이발사의 삶이 반복되던 어느 날 저녁, 피고인은 낡은 비닐 옷장 안에 걸려 있던 단벌 양복을 주섬주섬 꺼내기 시작한 것은 아니겠지요.

# 파산이
## 뭐길래

—

2005년, 서울중앙지법 파산부에 있을 때 일입니다. 파산부의 주요 업무 중 하나가 개인파산, 개인회생입니다. 쉽게 말하면 개인파산면책이란 가진 재산 모두를 털어 빚잔치를 하여 나누어주고 남은 빚은 탕감받는 것이고, 개인회생이란 수입이 있는 사람의 경우 일정 기간 열심히 빚을 갚아나가고 남은 빚은 탕감받는 것입니다.

빚 탕감이라…… 다른 판사들은 열심히 재판해서 빚 갚으라고 판결해놓았는데 판결을 휴지조각으로 만들고 앉아 있으니 파산부는 참 희한한 곳입니다. 저도 이곳에 전입하기 전까지는 그렇게 생각했습니다.

소싯적 법대 1학년생 시절 민법 교과서에서 본 '팍타 순트 세르반다Pacta Sunt Servanda' 즉 일단 맺어진 계약은 준수되어야 한다는 근엄한 말씀이 뇌리를 떠나지 않았거든요. 그런데, 실제 파산부에서 접한 사건들은 그리 간단하지 않았습니다.

1.

A씨는 중소기업 경영자였는데 IMF 시절 거래처들의 연쇄 부도를 못 견디고 부도를 냈습니다. 그런데 회사 자금을 빌릴 때 대표이사 개인도 연대보증을 하도록 금융기관들이 요구하기 때문에 회사의 빚이 모두 대표이사 개인의 빚이 되었습니다. 살던 집은 경매로 넘어가고 실업자가 되어 친척들 집을 전전하고 있다는 것이었습니다.

이에 A씨가 재산을 은닉하고 있다며 금융기관이 이의를 제기했습니다. 그런데 기록을 보니 초등학생에서 중학생 정도 되는 세 딸이 있길래 심문 도중 자녀들은 어느 학교에 다니고 있는지 물었습니다. 그랬더니 잠시 머뭇거리더니 글쎄, 런던에서 음악학교를 다니고 있다는 겁니다.

역시 사업은 망해도 사업가는 재산을 빼돌려 잘 먹고 잘살고 있구나 싶더군요. 그래서 저는 물었습니다. 남의 빚은 못 갚는 분이 무슨 돈으로 자녀들은 해외유학을 시키고 있느냐고요. 어눌한 대답이 돌아왔습니다. "애들이 장학금도 받고요, 애 엄마가 그곳에서 식당 일도 하고……"

좀 믿기 어렵더군요. 그렇게 쉽게 처자식 영국 유학을 보낼 수 있다면 어느 누가 안 보내겠습니까.

이후 재산 은닉 여부, 학비 등 조달 경위에 대한 조사가 계속되었습니다. 그런데 뜻밖의 사실이 속속 밝혀졌습니다. A씨의 어린 세 딸은 세계대회에서 여러 번 수상한 음악 영재로, 학비와 기본생활비를 충당할 만한 금액의 영국 정부 장학금을 받고 있었고, 주말이면 교회에서 반주자로 일하며 생활비를 보태고 있었습니다. 애들 엄마는 식당에서 월 백만 원 정도를 받으면서 일했고, 사는 집도 허름한 월셋집이었습니다. 서울에 홀로 남은 애들 아버지가 재산을 숨기거나 처자식에게 돈을 보낸 어떠한 증거도 발견할 수 없었습니다.


2.

얼마 후, 또다른 사건이 있었습니다. B씨는 한동안 택시기사를 하다가 그만두고 실업자 생활을 한 지 오래였습니다. 그런데 기록을 뒤지다보니 신용카드 내역서에 '코코' '발리' 등 야릇한 이름이 자주 나오는 것이었습니다. 술집인 것 같았습니다. 남의 빚은 안 갚는 주제에 술집에서 방탕한 생활을 하다니, 신문에 자주 나오는 소위 '모럴해저드'가 이런 거로구나!

그런데 심문실 문을 열고 들어오는 그는 그야말로 피골이

상접하고 병색이 완연한 병자였습니다. 중증 호흡기질환 장애인에 말하는 것도, 오래 앉아 있는 것도 힘들어 보였습니다. 방탕한 생활은커녕 일상적인 생활도 어려워 보였죠. 사연은 이러했습니다.

고등학교를 중퇴하고 택시기사로 일하며 살아가던 B씨는 어느 날 갑자기 쓰러져 병원에 입원하게 되었습니다. 급성 호흡기질환으로 대수술을 몇 차례 받고 일 년 가까이 병원에 장기 입원해야 했고 돌볼 친지도 없어 간병인까지 두어야 했습니다. 수천만 원이 훌쩍 넘어버린 병원비 등은 온갖 신용카드를 발급받아 메울 수밖에 없었습니다.

퇴원 후에도 살 길이 막막했지만 막연히 카드 결제대금이 연체되어 신용불량자가 되면 큰일난다는 생각에, 또다른 카드를 발급받아 돌려막기를 반복하다보니 고액의 카드 수수료와 연체이자로 빚은 금세 두 배로 늘었습니다.

더욱더 카드 결제대금이 부족해지자 그는 예전 동료인 택시회사 노조원들에게 회식으로 단란주점에 갈 때 자신의 신용카드로 계산하고 결제일에 돈을 자기에게 달라고 부탁한 것입니다. 사적으로 '카드깡'을 한 셈이죠.

결국 밑 빠진 독에 물은 채울 수 없기 마련이죠. 예정된 파국에 더이상 어떤 방법으로도 카드 대금고지서를 해결할 수 없게 된 그는 신용불량자 낙인은 물론 채권추심원의 등쌀에 시달리다 못해 파산신청을 한 것입니다.

저는 솔직히 안타깝고, 화가 났습니다. 방탕한 생활은커녕 빚의 반은 병원비, 나머지 반은 온갖 카드 수수료와 연체이자로, 결국 손에 한 번 만져보지도 못한 빚을 나날이 키워만 가다가 심신이 황폐해진 채 비로소 법원을 찾은 이 답답한 아저씨에게. 그리고 이 지경인 사람에게 끝도 없이 신용카드를 발급해주고 사용하게 한 카드회사들에게.


3.

답답한 사람은 또 있었습니다. C씨는 학원강사로, 결혼을 해 어린 아들도 있습니다. 학원강사 수입이 넉넉지는 못해도 가족이 먹고 사는 데 큰 지장이 없어 보였는데 왜 파산부를 찾게 되었을까요.

C씨의 빚은 자신을 위한 것이 아니라 백 퍼센트 친언니를 위한 것이었습니다.

C씨만큼 교육을 받지도 못했고, 이상하게도 식당이고 뭐고 먹고 살아보려고 시작만 하면 망하곤 하는 언니를 위해 C씨는 빚보증도 여러 건 서주고, 돈도 주고, 그러다 결국 자신도 카드 돌려막기를 하는 신세가 되었습니다. 그러고도 또 현금서비스를 받아 언니에게 건네준 것이지요.

저는 너무 답답해서 C씨에게 왜 이 지경이 되도록 대책 없이 언니를 위해 빚을 졌냐고 물었습니다. 그녀는 어릴 때부터 홀어머니 밑에서 어렵게 단둘이 자란 친자매였기에 도저히 살아보려고 애쓰는 언니를 모른 척할 수 없었고, 자기도 너무 힘들어 모질게 마음을 먹어도 늙은 어머니가 이번 한 번만 언니를 더 도와달라며 눈물을 보이면 견딜 수가 없어 이번이 마지막이라고 되뇌며 카드를 긁었다는 것입니다.


4.

어렵고 힘든 것은 빚진 사람들만이 아닙니다. 돈을 빌려준 사람들도 힘들기는 매한가지인 경우가 많습니다.

D씨는 자수성가하여 가구 공장을 경영하던 분입니다. IMF 당시 부도를 냈다가 힘들게 재기하여 어렵게 어렵게 공장을 운영해왔는데 불의의 화재로 공장과 재고 가구가 모두 불타 수억 원의 피해를 입고 좌절하고 말았습니다.

하루아침에 알거지가 된 그를 안타깝게 여긴 거래업체는 대부분 그가 재기하기를 빌며 빚을 탕감해주었습니다. 그래도 남은 금융기관 빚을 감당할 수 없어 파산신청을 한 것이죠.

그런데 정작 금융기관은 아무런 이의 제기도 안 하는데, 자재 대금 300만 원을 못 받고 있는 E씨가 강력하게 이의를 제기하는 것이었습니다. 게다가 E씨는 화재 전까지 D씨와 형님 아우하며 지내던 사이였다는데 말입니다.

E씨가 주장한 이의 사유는 법적으로 면책불허가 사유가 될 만한 것들이 아니었으므로 간단히 배척하면 그만인 듯도 보였습니다. 하지만 화재로 알거지가 된 사람도 억울하지만 돈을 떼이는 사람도 억울할 것이라는 생각에 쌍방을 모두 불러 이야기를 나누었습니다.

서로 감정이 상당히 악화되어 있었습니다. E씨의 말은 이랬습니다.

D씨가 불의의 사고를 당한 것은 안타까웠다, 하지만 사고 이후에 좀처럼 연락도 없다가 파산신청을 했다기에 그런 신청을 하려면 미리 상의라도 했어야 하는 거 아니냐고 했다. 그랬더니 야박하다며 되레 화를 내기에 심한 말다툼을 하게 되었고, 감정이 많이 상하여 이의신청을 하게 된 것이다.

이번에는 D씨가 말했습니다.

화재 이후 좌절해 있다가, 부부가 살아보려고 일용직을 전전하며 고시원 생활에 발버둥치느라 미처 E씨 마음까지 헤아릴 여유가 없었다.

저는 D씨에게 물었습니다.

"면책을 받게 되면 법적으로는 E씨를 비롯한 거래업체 사람들의 빚을 안 갚아도 됩니다. 하지만 E씨를 비롯한 거래업체 사람들도 어렵기는 매한가지인데 마음의 빚도 안 갚고 사실 수 있겠습니까."

D씨는 대답했습니다.

"아닙니다. 면책이 아니라 무슨 결정을 받든 앞으로 열심히 일해서 아주 적은 돈이라도 벌게 되면 제가 피해를 끼친 분들께 갚으며 살아가려고 생각하고 있습니다."

그러자 D씨의 말이 겉치레가 아닌 진심으로 받아들여졌는지 E씨는 흔쾌히 이의신청을 취하하겠다고 하면서 D씨의 재기를 빌어주는 것이었습니다.

감정 표현이 서투른 사십대 후반의 이 두 아저씨는 바로 옆에 앉아 있으면서도 계면쩍어 서로 뭐라고 이야기를 건네지 못하고 각자 저에게만 이렇다저렇다 어눌하게 말씀을 하시더군요.

이런 사건들을 하나씩 거치며, 그렇게 저는 파산부 판사가 되어갔습니다.

# 담담한
# 동심

—

　　파산부에서 어느 연말에 '젬마의 집'
이라는 곳을 방문하게 되었습니다. 헌신적인 원장님과 선생님들
그리고 네다섯 살부터 초등학생, 몇 명의 중고생까지 여자아이
들 약 스무 명이 서로 의지하며 살아가는 곳이었습니다. 이곳은
부모님이 안 계시거나, 계시지만 경제적인 능력이 없어 아이를
돌보기 힘든 가정의 자녀, 한부모 가정의 자녀들이 자립할 수 있
도록 학교도 다니고 함께 도우며 살아가는 가정공동체입니다.

　　원장님과 선생님들, 그리고 후원자들의 사랑과 정성으로 이
곳 아이들은 여느 아이들 못지않게 맑고 밝게 크고 있는 듯했습
니다. 작은 집이지만, 깨끗하고 아늑했고요.

말로만 듣던 판사 아저씨들이라니, 호기심이 가득하면서도 쭈뼛거리는 아이들. 한 동료 판사가 열심히 준비한 마술 몇 가지를 선보였더니 비로소 환호성을 지르더군요. 그러고선 아이들에게 선물도 전달하고 다 같이 앉아 피자도 나누어 먹고 서로 인사도 나누었습니다.

하지만 숫기 없는 판사들이 처음 본 여자아이들과 금방 터놓고 이야기를 나누기는 어려운 법이죠. 더구나 좁은 공간에 많은 사람이 모여 있다보니 개별적으로 이야기를 나누기도 어려웠고, 결국 다소 서먹한 채 일어서게 되었습니다.

그런데 한 아이가 제게 무슨 할말이 있는 듯 머뭇머뭇거리기에 할말이 있으면 해보라고 했더니 "판사가 되려면 어떻게 해야 돼요?"라고 묻는 것이었습니다. 그렇지 않아도 일어서기에 아쉬움이 많았던 저는 남아서 그 아이와 이야기를 나누기로 했습니다. 판사가 무슨 일을 하는 사람인지도 설명해주고, 학교생활 열심히 하고 책도 많이 읽으라고 해줘야지, 정도의 생각을 갖고요.

그런데 시간이 흐르자 한 아이씩 제 주위에 둘러앉더니 이것저것 물어보고, 또 이야기에 귀를 기울이기 시작하는 것이었습니다. 그러면서 서로 다투어 저에게 질문을 하기 시작하는데, 이 어린 여자아이들이 판사에게 물어본 것은 어떤 것들일까요?

"사채업자가 깡패를 보내서 돈 갚으라고 협박할 때는 어떻게 해야 돼요?"

"교통사고로 사람을 치어 다치게 했는데, 물어줄 돈이 없으면 몇 년이나 감옥에 있어야 해요?"

"사업을 하다가 부도를 내서 감옥에 가면 빚 다 갚을 때까지는 못 나오는 건가요?"

저는 어리석게도 이 작은 집에 흐르는 안온한 분위기와 밝은 아이들의 겉모습만 보고는 아이들이 짊어진, 여느 어른들보다도 가혹한 삶의 무게를 보지 못했던 것입니다. 아이들에게서 가정을, 엄마와 아빠를 빼앗아 간 것은 그 무엇도 아닌 바로 돈이었던 것입니다.

우리는 신용불량자 400만이 어떻고 하며 쉽게 숫자로 이야기하지만 그 한 명 한 명은 숫자가 아닌 피가 흐르는 '사람'이고, 가정이 있고, 부모형제가 있고 아이도 있는 사람들입니다. 400만 명이 신용불량자라면 최소한 400만 가정이 빚으로 고통을 겪고 있는 것이며, 그중 상당수의 가정은 빚을 감당하지 못하고 파괴되어 아이들이 가정의 보호를 받지 못한 채 거친 세상에 던져지고 있는 것입니다.

아이들의 질문에 가능한 한 알기 쉽게 답해주려고 정신없이 애쓰고 있는데, 아이들 중 가장 어려 보이는 네 살 정도의 아이가 제 주변을 맴돌더니 괜히 제 어깨도 만지작거리고, 눈이 마주치면 웃음을 보였습니다. 언니들이 하는 이야기를 알아들을 나이도 아닌 이 꼬마 아가씨는 여자들만 사는 이 집에서, 기억조차 희미해지는 아빠의 모습을 제게서 찾았던 것은 아닐까요.

당시 일곱 살, 다섯 살인 두 딸아이를 키우는 아빠로서 이 예쁜 꼬마 아가씨도 안쓰럽지만, 아이의 아빠 가슴은 어떨지 생각하니 견디기 힘들었습니다. 마음속으로는 억장이 무너졌지만 값싼 감상과 동정 따위는 필요 없어 보일 만큼 아이들이 자기들이 짊어지고 있는 운명을 담담하게 받아들이고 있었기에, 저는 이들을 아이라고 생각하지 않고 어른에게 법률 상담하듯이 제가 아는 것들을 이야기해주었습니다.

다행히 이 이야기 저 이야기 하다보니 헤어지기 전에는 보다 밝은 토론도 잠시나마 할 수 있더군요.


### 모럴해저드?

아이들과 이야기를 하던 중, 파산면책제도에 대해 제가 잠시 이야기해주었더니 한 아이가 그러더군요.

"에이, 그런 게 있으면 누가 빚을 갚겠어요?"

세상은 참 재미있습니다. 빚 때문에 남들과 다른 어린 시절을 보내고 있는 이 순진한 아이가, 자기 빚을 떼일까 겁이 나 목청을 높이는 돈 많고 힘있고 유식한 어른들과 똑같은 말을 합니다. 저 말을 유식한 사람들이 좋아하는 영어로 하면 바로 '모럴 해저드' 아닙니까.

유식한 사람들은 숫자나 어려운 말로 모든 것을 자신 있게 결론 내리기 좋아합니다. 그 말들을 실제 사람의 삶과 연관 지어 보려면 통역이 필요합니다. 예를 들어볼까요?

'소비의 하방경직성'이라는 말이 있습니다. 소득이 줄어들었는데도 종전 소비 수준을 유지하려는 성향이 강해 빚이 늘어난다는 거죠. 맞는 말입니다. 그런데 대부분 평범한 사람들이 경제적으로 어려워지면서도 유지하려 하는 종전 소비는 실제로 어떤 것들일까요? 외제차, 해외여행, 골프일까요?

제가 보기에 그것은 아이들이 너무나 좋아하는 친구들과 선생님이 있는 유치원을 그만두게 하는 것이고, 공부 잘해서 나중에 부모보다 잘살기를 바라며 남들은 고액과외를 시킬 때 아이들 동네 학원이라도 보내던 것을 그나마 그만두게 하는 것이고, 노환으로 병원 출입이 잦은 부모님께 병원비와 용돈으로 보내던 십만 원을 계속 보내느냐 마느냐의 문제입니다.

그리고 이런 문제에 봉착한 사람들이 과감하게 '소비 수준을 하강시키지' 못한 채 앞으로 열심히 돈을 벌어 갚을 수 있다고 믿으면서 마이너스대출과 현금서비스를 받아 학원비, 병원비, 유치원비를 내게 됩니다. 그러다가 결국 카드 대금을 감당하지 못하게 되자, 한 번이라도 연체되기 시작되면 인생 끝장이라고 두려워한 나머지 신용카드를 또 발급받아 돌려막기를 시작하고 카드깡을 해가며 카드 대금을 갚기 시작합니다. 하지만 원금은커녕 연체료도 갚기 버겁고, 그러다보니 어느새 빚이 일 억이라는데 그중 학원비, 병원비, 유치원비로 써보기라도 한 돈은 반도 안 되고 나머지는 전부 이자와 연체료인 상황이 되자 벼랑 끝에서 뛰어내리는 심정으로 빚을 탕감받으려고 법원을 찾는 일이 늘어난다는 것이 '모럴해저드가 우려된다'는 고상한 말씀의 통역입니다.

그런데 '모럴해저드'라는 말에는 다른 뜻도 있더군요.
한국개발연구원KDI 자료를 보니, 신용불량자 증가는 1998년 IMF 시대 경제위기와 구조조정을 거치며 시작되었지만 이를 확대시킨 것은 결국 신용카드회사라는 것입니다. 1999년 현금서비스 한도 규제 폐지 후 신용카드회사들이 길거리 모집 등 위험관리를 도외시한 치열한 자산 확대 경쟁을 전개해 잠재적 부실을 축적한 채 신용 팽창을 계속하다가(통역: 소득이 줄었는데 그렇다고 갑자기 전에도 빠듯하게 살던 생활수준을 더 낮출 수도 없었던 사람들에게 일단 돈을 쓰게 해주고, 다시 이전에 빌린 돈도 못 갚는 사람들이 돌려막기로 파산을 모면하며 버틸 수 있게 온갖 카드를 발급해주면서 업계 1위, 외형 1위가 되기 위해 노력하다가) 2002년 이후,

감독 당국에 의해 건전성 감독 규제가 도입되자 갑자기 신용정책을 엄격화하여 잠재적인 부실이 현재화된 것(통역: 더이상 앞서 이야기한 사람들이 돌려막기를 할 수 없게 돈 빌려주는 것을 까다롭게 하자 곧바로 카드 대금 연체가 시작되고 신용불량자로 등록된 사람이 급증하게 된 것) 때문이라네요.

그러면서 2002년 3/4분기 이후 드러난 신용불량자 급증은 주로 신용카드회사의 '도덕적 해이'에 기인한 것으로 해석된다는 겁니다. '모럴해저드'라는 말은 이럴 때도 쓰는 것이더라고요.


제가 감명 깊게 읽은 책이 있습니다. 하버드 로스쿨의 파산법 교수인 엘리자베스 워런이 딸 어밀리아 워런 티아기Amelia Warren Tyagi와 함께 쓴 『맞벌이의 함정The Two-Income Trap』이라는 책입니다. 이는 하버드대학이 주관한 개인파산에 대한 통계적 분석과 연구 성과를 기초로 미국에서의 개인파산 증가(2002년에 200만 명이 파산신청을 했다는군요) 원인을 알기 쉽게 분석한 책입니다.

이 책에 따르면 미국의 파산자 중 상당수는 맞벌이로 상당한 소득을 올리는 중산층이라는 겁니다. 소득이 올라갔는데 웬 파산이냐고요? 요약하면 소득이 올라가는 것보다 고정지출 늘어나는 것이 훨씬 많아서 여유 자금이 이전보다 훨씬 줄어든 빡빡한 삶을 살다가 실업, 급여 감소, 질병 등 변동 요인이 발생하면 곧바로 파산에 이르게 되는 경우가 많다는 겁니다.

그렇다면 무슨 고정 지출이 그렇게 많다는 것이냐? 지출의 대부분이 자녀의 '안전'과 '교육'에 관한 지출이라는 거죠. 도시의 범죄율 증가와 공교육의 부실화로 중산층 부모들은 안전한, 그리고 학군 좋은 교외주택가(베벌리힐스 같은 부촌이나 귀족 사립학교가 아닌 그야말로 웬만한 평범한 주택가를 말하는 것입니다)로 너도나도 몰려가게 되었고, 그러다보니 주택 값은 천정부지. 대출금 이자 갚는 데만도 허리가 휜답니다.

게다가 맞벌이를 하다보니 아이 봐주는 보육비와 유치원비는 대학등록금보다도 비싸지고, 자녀가 평범한 샐러리맨 생활이라도 하려면 대학 교육은 필수라는데 대학등록금은 오르기만 하고, 건강보험료와 본인부담금은 늘어만 가고…… 사치는커녕 부부가 뼈빠지게 일해서 자녀 남들만큼만 교육시켜보려고 지출하는 돈이 소득의 대부분이어서 미래의 위험에 대비할 여유 자금이라고는 없고…… 그렇게 아슬아슬하게 꾸려가는 생활이 작은 충격에도 무너지게 되었다는 것입니다.

그런데 2005년 4월 미국 하원에서는 부시 정부가 내놓은 파산법 개정안이 통과되었습니다. 파산신청의 남용을 규제하기 위해 파산면책 받는 것을 까다롭게 만든 법입니다. 그것도 주요 타깃은 바로 중산층인 것 같더군요. 몇 년간 파산법 개정을 위해 신용카드업계 등 대기업들이 엄청나게 노력을 했다더니 부시 대통령의 재선과 함께 결실을 본 모양이네요.

파산법의 역사는 1542년 영국에서 제정한 '파산자에 관한 법' 이래 수백 년 동안 발전해왔다고 합니다. 빚 못 갚는 채무자 목에 칼을 씌워 구경거리로 삼고 감옥에 투옥시키던 때로부터 정말 오랜 세월을 거쳐, 불운하나 정직한 채무자에게 채무의 부담에서 벗어날 수 있는 기회를 주게 된 것입니다.

오랜 역사 동안 언제나 채권자들은 채무자들이 파산법을 남용하고 있다고 주장해왔다죠. 우리나라에서도 미국의 파산법 개정안 통과 뉴스를 반갑게 지켜보았을 분들이 있었을지 모르겠습니다. 하지만 알다가도 모르겠습니다. 수백 년의 파산법 역사에, 연간 200만 명 가까이 파산을 신청하는 미국에서도 이 개정법이 악법이라는 논란이 많던데 이제 겨우 걸음마 단계로 파산신청 만 건을 넘은 우리나라에서 충분히 이용도 하기 전에 남용부터 막으려 하는 건지. 그렇게 장래를 내다보시는 분들이 왜 400만이나 되는 사람들이 신용불량자가 되기 전에는 무분별한 소비자신용업의 남용을 걱정하지 않으셨는지 말이죠.

물론 지금 우리나라의 신용불량자 문제는 미국 중산층의 위기와는 달리 보다 서민층에서 집중적으로 나타난 문제이지만, 우리나라 중산층의 교육열, 사교육비, 집값 문제 등을 보면『맞벌이의 함정』에 담긴 이야기는 남의 나라 이야기만은 아닐 것입니다. 이제 파산 문제는 특정 계층의 문제가 아니라 우리 자신을 포함한 모든 사람에게 닥칠 수 있는 문제이고, 이러한 문제를 해결하기 위한 파산제도와 개인회생제도는 일종의 사회적 보험인 것입니다.

파산면책을 이용해 남의 빚을 안 갚는다고요? 안 갚는 것이 아니라 못 갚는 것입니다. 면책결정을 하든 안 하든 어차피 빚 갚을 능력은 고사하고, 신불자로 취업도 안 되고, 신용거래도 되지 않아 가족의 기본적인 생활도 꾸려나가기 힘든 사람들이 파산선고와 면책을 받는 것이고, 그나마 수입이 조금이라도 있어 기본적인 생활비를 제외한 나머지라도 갚아나간 후 남은 채무를 면책받는 것이 개인회생입니다.

경제적으로 말하면 이런 사람들에 대한 채권은 액면이 십억이든 백억이든 이미 가치가 제로나 다름없는 부실채권입니다. 어찌 보면 법원의 면책결정은 별게 아닙니다. 원래 가치가 0원인 채권을 0원이라고 공식 확인해주는 것에 불과한 것이죠.

꼬박꼬박 잘 갚고 있고, 앞으로도 갚을 수 있는 빚을 어느 날 갑자기 법원에서 면제해주는 것이 아닙니다. 오랫동안 갚지 못해왔고 앞으로도 갚을 능력이 없는 사람들을 숫자에 불과한 채무의 노예로 묶어놓고, 취업도 못하게 하고 빚 독촉 전화에 자살 충동을 느낄 정도로 궁지에 몰아넣어 채권자들이, 이 사회가 얻는 것이 도대체 무엇이란 말입니까.

어차피 못 갚는 빚, 무의미한 숫자를 지워주고 경제활동에 복귀하여 자기 앞가림이라도 할 수 있게 해주지 않으면 결국은 이 사람들은 국민 세금으로 최소한의 생존을 보장하는 사회복지의 대상자가 되거나 심하면 홈리스, 범죄자가 되어 또다른 사회적 비용을 발생시킬 수도 있습니다. 무엇이 사회 전체에 이익이 되는 걸까요?

물론 빚을 갚을 수 있으면서 재산을 숨기고 파산신청을 하는 사례도 있을 수 있습니다. 그래서 면책불허가사유와 사기파산죄가 있는 겁니다. 빚진 사람의 사정을 가장 잘 아는 것이 누굽니까. 돈 빌려준 사람 아닙니까. 금융기관이 신용조사를 제대로 해왔다면 애초부터 돈 갚을 능력이 없는 사람에게 돈을 빌려주는 일은 없었을 것이고, 혹시 갚을 능력 있는 사람이 이를 숨기고 면책신청을 하면 금융기관이 파악하는 자료를 첨부하여 법원에 이의신청하면 당연히 법원이 참작할 것입니다.

물론 파산사건의 증가와 함께 이러한 악용 사례가 늘어날 가능성은 저희들도 항상 염려하고 있고요. 하지만 적어도 아직까지는 우리나라에서의 개인파산은 남용을 걱정하기보다는 이용하지 않는 것을 걱정해야 하는 걸음마 단계라고 생각됩니다.

서울중앙지방법원 파산부가 2004년에 처리한 면책사건의 면책률은 98.6퍼센트입니다. 파산부 판사들이 우표에 소인 찍듯 사건만 들어오면 곧바로 면책 도장을 찍어주고 있냐고요? 물론 가능한 한 신속하게 처리하려고 애쓰고 있지만 그래도 채권자들에게 온갖 이의신청 기회 다 주고 있을 뿐 아니라, 판사라는 사람들의 천성상 기록이 아무리 쌓여도 명백히 사치, 낭비, 투기를 일삼거나 재산을 빼돌리는 등 진짜 파산을 남용한 흔적이 있다면 안 보고 지나지 못합니다.

어느 날 법원장님이 파산부 판사들에게 저녁을 사주시면서 건의사항이 있으면 하라시길래 제가 그랬습니다. 파산부 쪽 전기 배선이 안 좋은 것 같다. 밤 11시가 되어도, 밤 12시가 되어도 도통 불이 꺼지질 않는다. 수리 좀 해주셨으면 좋겠다.

그렇게 심리해서 면책한 비율이 99퍼센트입니다. 그럼 나머지 1퍼센트는 정말 흉악한 사기꾼들이냐고요? 솔직히 아닙니다. 그 1퍼센트도 여러 가지 사유로 면책이 허가되지 않았지만 한 사람 한 사람을 놓고 보면 모두가 힘들게 살아온 사람들입니다. 물론 사건이 급증하면서 남용이 우려되는 사례도 늘기는 하겠지만요.

제가 보기에 아직까지 우리나라 파산자들의 종류는 대체로 세 가지입니다. 앞서 말했듯이 자기 가족이 빠듯하게 살아가는 데 필요한 돈을 가까스로 충당하다가 실업, 질병 등의 이유로 감당할 수 없게 된 사람들, 조금이라도 잘살아보고 싶어서 돈을 벌어보려고 이것저것 애쓰다가 망해버린 사람들, 자기도 자기 앞가림만 겨우 하는 처지에 그놈의 '정'과 '핏줄'에 매여 있는 한민족으로 태어난 죄로 부모형제, 친지의 빚보증을 어쩔 수 없이 섰다가 같이 망한 사람들.

도대체 '모럴해저드'를 걱정하는 분들이 말씀하는 남의 돈 빌려서 흥청망청 신나게 쓰고는 자기 쓸 것은 다 숨겨놓고 파산 신청하는 사람들은 어디에 가야 찾을 수 있는 걸까요. 골프장 해저드 안에 숨어 있나요?

'모럴해저드'를 걱정하는 분들이 법원을 비판하는 부분이 또 있습니다. 돈을 벌며 빚을 갚아가는 개인회생사건의 경우, 법원이 채무자의 장래 수입 중 채무변제에 투입할 부분 산정을 너무 타이트하지 않게, 온정주의적으로 운영하는 것 아니냐는 것이지요.

그럴지도 모릅니다. 인간이 '생존'만 하기 위해서는 정말 세 끼 밥값만 있어도 될지 모르지요. 그런데 남은 여생 내내 아무리 열심히 일을 해도 동물로서의 '생존'에 필요한 돈 이외에는 모두 빚 갚는 데만 쓴다면, 그래서 내일은 오늘보다 나아질 것이라는 '희망'조차 없다면, 지금 이 순간 가족과 함께 소박한 행복을 누릴 최소한의 숨쉴 여유조차 없다면 과연 자포자기하지 않고 계속 일을 해서 빚을 갚아나갈 수 있을까요?

'계약은 준수되어야 한다'는 거룩한 법원칙에 따르면 채무
자가 죽는 날까지 그의 모든 재산과 수입을 채무변제에 투입하
는 것이 당연합니다. 하지만 그런 무자비한 채권추심은 결국 채
무자를 쓰러지게 할 뿐입니다. 『베니스의 상인』에서 현명한 포
샤가 간파했듯이 샤일록은 피 한 방울 흘리지 않은 채 채무자의
살 일 파운드만을 도려낼 수는 없는 것입니다. 파산한 기업은 청
산되어 소멸하지만, 파산한 사람은 계속 살아가야 합니다. 도전
하다가 쓰러진 사람에게는 무덤 대신 두번째 기회가 주어져야
합니다. 이것이 활자가 아닌 사람을 통해 제가 배운 것입니다.

### 파산부는 회생부다

야근이 생활화된 파산부에서 일하다보면 드는 생각이 있습
니다. 우리도 돌려막기를 하며 살고 있는 것은 아닐까. 사랑하는
가족과 함께할 시간을 돌려서, 건강을 위해 운동을 할 시간을 돌
려서, 아름다운 음악과 책을 즐길 시간을 돌려서, 그저 몰려드는
일을 막아내는 데 쓰며 살고 있는 것 아닐까. 일만 하다보면 어
느새 왜 이 일을 하고 있는지, 누구를 위해서 하고 있는지를 잊
기 쉽습니다. 그게 진짜 중요한 것인데 말입니다.

언제나 조용히 야근을 하는 대학 동기 판사가 있습니다. 매일 저녁, 그 방에 판사 대여섯이 모여 앉아 탁자에 신문지를 주섬주섬 깔고 배달시킨 짜장면과 볶음밥을 묵묵히 먹으며 야근을 준비합니다. 그런데 보면 마흔도 안 되었는데 머리가 벌써 반백인 분이 여럿입니다.

책상과 캐비닛마다 산더미 같은 기록이 쌓여 있어 밥 먹으면서도 마음이 편하지 않습니다. 그나마 역동적인 기업사건까지 담당하는 저와 달리 개인파산사건만 산더미같이 처리하고 있는 그 친구에게 제가 하루는 지겹지 않느냐 많이 힘들지 않느냐고 물었습니다. 그런데 평소에 말도 없고 표정 변화도 없는 과묵한 그 친구, 즐겁게 일하고 있다더군요. 힘든 사람들을 한 사람 한 사람 구하는 일인데 왜 즐겁지 않겠느냐고요.

그렇습니다. 법원에서는 주로 잘못을 저지른 사람을 감옥에 보내거나, 누구보고 누구에게 빚을 갚으라고 하거나, 남의 집을 팔아 빚을 받아주거나 하는 일을 합니다. 모두 사회를 유지하려면 꼭 필요한 일들입니다. 하지만 개인파산, 개인회생사건 한 건한 건은 한 사람을, 한 가정을, 한 아이를 되살리는 일입니다. 회사정리사건도 마찬가지입니다. 한 회사가 살아나면 주주도, 근로자도, 협력업체 사람들도 살아납니다. 파산부는 회생부이기도 한 것입니다.

**마법책**

아이들과 만났을 때, 한 동료 판사가 보여준 마술 중 아이들이 가장 좋아한 것은 마술그림책이었습니다. 한번 스르륵 넘길 때는 아무것도 없다가 다시 한번 처음부터 넘기면 예쁜 그림이 나타나고, 또다시 처음부터 넘기면 알록달록 색이 칠해져 있고.

저도 호그와트에라도 가서 진짜 마술을 배워 오면 좋겠습니다. 아무것도 가지지 못한 그 아이들에게 환하게 웃는 엄마 아빠가, 친구들처럼 평범한 가정이, 작지만 예쁘게 꾸민 자기 방 한 칸이 나타나도록.

그리고 빚을 갚으라며 아빠의 멱살을 잡던 험상궂은 아저씨의 기억도, 엄마가 보고 싶어 남몰래 베개를 적시고 마는 눈물도, 소풍 때 엄마 아빠와 함께 온 친구들 곁에서 느낀 부러움도 영원히 사라지도록 말이죠.

하지만 평범한 머글인 판사들이 할 수 있는 마법은 한 가지뿐입니다.

손에 골무를 끼고 온종일 기록을 뒤적이다가, 컴퓨터 자판을 눌러 주문을 외웁니다.

## 주　　　문

채무자를 면책한다.

# 한 번도
# 용서받지 못한 사람

—

　　　　　　형사합의부 재판장을 맡은 2012년 봄에 첫 국민참여재판을 진행하게 되었습니다. 저녁 일곱시 반이 되어서야 판결 선고가 이루어진 치열한 재판이었지요. 그런데 이 재판은 피고인이 범죄 사실을 모두 자백하고 있는 사건이었습니다. 그럼에도 불구하고 배심원들은 한 시간 가까이 치열한 토론을 재판부와 함께 벌였습니다. 왜 그랬을까요?

　　이 사건은 여러 차례 처벌을 받고도 단기간 내에 또 재범한 상습절도사건으로, 이런 경우는 가중처벌하도록 되어 있어 법에 정해진 형이 무려 최소 징역 6년 이상에서 무기징역까지 가능한 사건이었습니다.*

　피고인은 사십대 후반으로, 중2 때 절도로 소년원에 입소한 이래 실형을 8번 받았고 7년의 보호감호(과거 징역형과 별도로 재범 가능성이 높은 상습범 등을 청송 감호소에 장기간 격리수용하여 직업 훈련을 받도록 했던 제도. 1980년에 도입되었으나 이중처벌, 인권침해 논란이 계속되자 2005년 폐지되었다)를 두 번 받았더군요. 총 22년간 도둑질로 옥살이를 한 셈입니다.

　그런데 이 피고인은 마지막 징역 4년을 복역하고 출소한 바로 그날, 또다시 남의 지갑을 훔쳤습니다. 그리고 8일 사이에 두 번 더 같은 범행을 반복했지요. 왜 그랬을까요?

　피고인은 첫 기일에 법정 난동을 부리기까지 했습니다. 큰 덩치에 위협적인 인상의 피고인은 소리를 고래고래 지르며 "나는 치료를 받아야 될 또라이다. 나 징역 살려봤자 나오자마자 또 훔칠 거다. 판사, 검사 지갑부터 훔칠 거다!"라더군요.

　반성이라고는 없구나, 징역 몇 년을 살리던 출소하자마자 또 같은 일을 반복하겠구나. 도대체 형사정책적으로 이런 사람을 어떻게 해야 하는 것일까. 정말 사회로부터 장기간 격리하는

● 이후 2015년에 이 조항에 대한 위헌결정이 있었고, 이에 따라 형량이 징역 3년 이상에서 25년까지로 개정되었습니다.

방법 외에 정상적으로 사회로 복귀할 방법이 없는 것일까. 이런 경우에 형벌의 의미는 무엇일까…… 많은 생각이 교차하더군요.

그런데 그 순간, 피고인의 마지막 한마디가 제 가슴을 찔렀습니다.

"나는 단 한 번도 용서받아본 적이 없습니다!"

그 말 한마디가 저에게 더 깊은 고민을 안겨주고 말았습니다. 불우한 가정에서 자라 중학교 2학년 때 소년원을 시작으로 인생의 절반을 옥살이로 허비한 그의 커다란 덩치 안 어딘가에, 잘못은 했지만 한 번만 용서받고 싶었던 어린 소년이 웅크리고 앉아 있었던 거지요.

그래서 고민 끝에 정신과의사 정혜신 박사님과 이야기를 나누었습니다. 이와 같은 사람을 정신과적인 치료나 상담을 통해서 치유할 수는 없는 것인가요? 박사님의 대답은 이랬습니다.

"저도 의사이지만 이런 이에게 필요한 것은 의사가 아닙니다. 이 사람에게 필요한 것은 엄마입니다."

약물이나 주사나 상담보다도, 이 사람에게는 믿고 의지할 수 있는 가족, 자신이 이 사회에 불필요한 존재가 아니라고 느낄 수 있게 해줄 소속감과 직업이 필요하다는 것이지요.

이런 부분을 채워줄 가족이 없다면 사회가 단 한 번이라도 기회를 주었어야 하지 않느냐는 것입니다. 이런 이가 정상적인 사회인이 될 수 있도록 사회가 도와주는 시스템을 갖추었는지가 국민소득 몇 만 불 운운하는 숫자보다 더 중요한 사회, 국가 발전의 지표가 아닐까요.

하지만 그렇다고 모든 범죄의 책임을 사회에 돌리는 것은 또 다른 편향이지요. 피고인은 빈곤했지만 그렇다고 남의 물건을 훔치지 않으면 생계를 유지할 수 없는 처지까지는 아니었습니다.

직장 가진 동생들이 부족하나마 생계비를 보조해주어 살아갈 수 있는 상황이었습니다. 그런데도 지갑이나 가방을 보면 반복적으로 훔쳐서는 그 돈을 유흥비로 탕진하고 있었던 것이지요.

인간이란 참 복잡 미묘한 존재인 것이, 이런 짓을 반복하면서도 스스로 자기 행동이 잘못된 것은 알고 있었습니다. 체포 당시 그가 소지하던 물건 중에 장난감 수갑이 있었습니다. 왜 이런 물건을 가지고 있었는지 물으니, 스스로 수갑을 자기 손에 채우고 다니면 도벽이 없어지지 않을까 생각했다는 겁니다. 그리고 피고인은 이렇게 살 바에는 차라리 죽어버려야겠다, 아니면 정신과 약을 먹고 아무 힘도 없는 상태가 되어 집안에만 있어야겠다고 결심했다더군요.

피고인은 법적으로는 병적인 도벽에 의한 심신미약감경(정상적인 판단 능력 부족을 이유로 형벌을 감하는 것)을 주장하고 있었고, 정신감정도 받았습니다. 그런데 정신감정을 담당한 치료감호소 소속 의사의 진단은, 의학적 견지에서 볼 때 병적인 절도라고 보기 어렵다는 것이었습니다. 병적인 절도로 분류하려면 자신에게 아무 쓸모도 없는 물건을 반복적으로 훔치는 경우여야 한다는 것이죠. 피고인은 지갑을 훔쳐서 현금을 써버리고 나머지는 버리는데, 이런 경우는 심신미약으로 볼 수 없다는 것입니다. 그리고 지능도 판단력도 비교적 정상적인 범주에 있다고 하더군요. 다만 불우한 성장환경과 어린 시절부터 반복된 소년원과 교도소의 경험이 사회부적응자로 만든 것 같다는 것입니다.

피고인 측 증인으로 이 치료감호소 소속 의사가 신청되었습니다. 바쁜 업무로 출석이 조금 곤란하다고 하시기에 직접 통화를 해서 출석해주기를 부탁했습니다. 그런데 놀란 것은 이 의사 선생님이 피고인을 진심으로 걱정하고 있다는 점이었습니다. 비록 의학적으로 병적인 절도로 진단하기는 어렵지만, 인생의 반을 감옥에서 보내면서도 같은 어리석음을 반복하는 이를 어찌 정상이라고 볼 수 있겠냐고 하더군요.

저는 피고인 뜻대로 감정 의견을 써주지 않은 의사가 피고인 면전에서 증언하기 곤란할 수 있으니 피고인을 퇴정시키고 신문할 수도 있다고 말씀드렸습니다. 그랬더니 그래서는 안 된다는 말이 돌아왔습니다. 그렇지 않아도 사회로부터 냉대만 받고 있다고 생각하는 피고인을 퇴정시키고 재판하게 되면 오해와 반항심만 커질 수 있으니, 당신이 욕을 먹고 위협을 당하더라도 면전에서 증언해야 한다는 것입니다. 진정한 의사시더군요.

재판에서는 심신미약 여부와 정상참작에 의한 형의 작량감
경(법정형이 최소 징역 6년 이상이지만 참작 사유가 있을 경우 그 반
인 3년 이상으로 감경할 수 있다)이 가능한지 여부가 치열하게 다
루어졌습니다. 배심원 분들이 정말 진지하게 고민하시더군요.

우선 심신미약감경은 인정하기 어렵다는 데 배심원들의 의
견이 모아졌고, 작량감경이 가능한지 여부에 관해 집중적인 양
형 토의가 벌어졌습니다. 재판부도 양형 토의에는 참여할 수 있
기에 같이 토론했습니다.

먼저 여러 번 처벌받고도 출소 당일 같은 죄를 저지른 경우
에 어떠한 정상참작의 여지가 있을 것인지, 형벌로써 도벽을 고
칠 수 없다면 차라리 장기간 사회로부터 격리해야 하는 것은 아
닌지, 최소한 지난번 마지막 전과의 형량(징역 4년)보다는 더 중
형으로 처벌해야 합당하지 않은지 등에 관해 검토했습니다.

그런데 장시간 토론하면서 다른 측면도 고민하게 되었습니
다. 먼저 피고인의 범행으로 인한 피해는 기껏해야 몇 만 원, 많
아야 몇 십만 원인데 소위 그런 좀도둑질만을 반복하는 사람을
강도와 같은 중범죄자처럼 장기간 복역하게 하는 것이 합당한
지, 비록 복역 후 또 같은 범죄를 반복할 가능성은 높지만 이런
정도의 피해를 예방하기 위해 한 인간을 장기간 사회에서 격리

하는 것이 옳은지, 아니면 이러한 피해조차도 더 큰 가치를 지키기 위하여 우리 사회가 감수해야 할 사회적 비용은 아닌지, 오히려 피고인을 법이 허용하는 한도에서 조금이라도 관대하게 처벌하는 것이 피고인을 진정으로 반성하게 하는 건 아닐지. 정의의 화신인 자베르 경감이 아니라 은 촛대를 훔친 이에게 나머지 촛대도 내주라고 했던 미리엘 주교의 용서가 비로소 진정한 회개를 낳았듯이 말이지요.

그리하여 작량감경을 하기로 한 후, 피고인의 최종 전과로 인한 형량(4년)보다 높이지 않고, 오히려 다소 낮춘 징역 3년 6월이 결정되었습니다.

'겨우' 6개월 차이일 수도 있겠지요. 하지만 그 6개월은 당초 종전보다 엄벌해야 마땅하다는 의견이었던 분들을 포함한 다양한 시민들이 하루종일 고민하고 토론한 결론이기에 그 의미가 결코 가벼울 수 없었습니다.

주문 낭독에 앞서 피고인에게 말했습니다.

피고인은 일생 단 한 번도 용서받지 못했다고 이야기했는데, 이제 처음이자 마지막일 용서를 받는 것인지 모른다. 그리고 피고인은 자신에게 감옥살이가 아무 의미도 없고, 치료와 사회의 도움이 필요하다고 말하지만 누군가의 도움을 받아서 달라지려면 먼저 스스로 도움을 받을 자격이 있어야 한다. 그것은 자기 행동에 대하여 책임을 지는 것일 것이다. 이번에 받는 형벌의 의미는 피고인이 진정 새사람이 되기 위하여 먼저 스스로 책임을 지는 것이다. 그 이후에 비로소 치료도, 사회의 도움도, 피해자의 용서도 구할 수 있는 것이 아니겠는가.

피고인은 진심으로 배심원들에게 머리 숙여 감사하다고, 이번에는 정말로 새사람이 되겠다고 외치더군요. 비록 그 말이 진정 실현될지는 확신할 수 없지만 최소한 그 순간 피고인의 마음이 가식인 것처럼 보이지는 않았습니다.

저녁식사도 하지 못한 채 늦은 시간까지 치열하게 고민해준 배심원들은 너무나 보람 있었다면서 밝은 얼굴로 돌아갔고, 그림자배심원(시민 법교육의 일환으로 정식 배심원은 아니지만 가상의 배심원으로 재판을 끝까지 방청하면서 자신들끼리 결론을 토의해보는 프로그램)으로 끝까지 참여했던 여고생 열아홉 명은 뜻밖에도 피고인에게 예상보다 훨씬 적은 형이 선고되자, 순간 자신들도 모르게 환호를 지르며 박수를 치더군요. 비록 증인 신문이 길어지자 수업시간처럼 꾸벅꾸벅 조느라 사경을 헤매고(?) 있었지만 다들 관심 있게 지켜보고 있었던 것이지요. 대견하더라고요.

이 재판 결과가 정답이었다고 확신할 수는 없습니다. 온정주의적인 재판이었다고 비판받을 수도 있겠지요. 또 교도소에 소문이 나 너도나도 선처를 받겠다고 국민참여재판을 신청해 더한 격무에 시달리게 되지는 않을지 솔직히 조금 두렵기도 했습니다.

하지만 재판을 마치고 술 한잔으로 피로를 씻고 관사로 돌아와 새벽까지 잠을 이루지 못하고 이 글을 쓰게 만든 그 무엇은, 앞으로 법관으로 평생 살아가면서 쉽게 잊히지는 않을 것 같습니다.

# 베트남 며느리의
## 살인미수

—

        국민참여재판으로 진행한 사건을 하나 더 소개합니다. 간단히 요약하면 베트남 며느리가 시어머니 밥에 쥐약을 넣어 살해하려다 실패하여 미수에 그친 살인미수 사건입니다. 한마디로 요약했지만 그래도 그속에 얼마나 많은 기구한 사연이 있을지 짐작이 되는 사건이지요?

        이십대 초반의 젊은 피고인은 국제결혼 중매인을 통해 말도 통하지 않는 연상의 남편을 만나 한국에 왔습니다. 남편과 신혼의 단꿈을 꿀 수 있는 환경은 아니었지요. 홀로 계신 시어머니는 물론, 역시 홀로 되어 함께 사는 시아주버니와 조카 두 명이 함께하는 대가족이었습니다. 곧 아기가 태어났지만 아기가 주는 행복을 만끽하기에는, 말 통하는 이 없는 이역만리에서 무뚝뚝한 남편과 어려운 시댁 식구들을 모시고 가사와 육아를 도맡아야 하는 어린 베트남 새댁의 삶은 팍팍했을 것입니다.

시어머니로부터 살림을 배워야 하는데 서로 말이 통하지 않으니 매사에 굼뜨고 서툴 수밖에 없어 야단맞는 날이 많았고, 어른 말씀을 무시한다는 오해까지 쌓여갔습니다.

결혼 후 2년이 지나도록 친정에 가지 못했고 전화 통화조차 마음껏 할 수 없었는데, 그 즈음 친정아버지가 돌아가셨다는 청천벽력 같은 소식을 듣게 되었습니다. 하지만 친정 방문은 허락되지 않았고 시어머니에 대한 원망은 커져만 갔죠.

그러던 어느 날 아침, 피고인은 집안에 있던 쥐약 한 알 오분의 일 정도를 으깨 시어머니 밥에 넣었습니다. 그런데 밥을 먹으려던 시어머니는 밥이 파란색으로 물들어 있는 것을 보고는 밥을 먹지 않고 경찰에 신고했습니다. 피고인은 수사기관에서 횡설수설하며 그날 새벽 '시어머니가 너무 독하니까 밥에 약을 넣어라'라는 환청을 듣고 자기도 모르게 이런 일을 저질렀다고 말했습니다.

전문가의 분석 결과, 피고인이 넣은 쥐약의 양이 너무 적어서 시어머니가 밥을 먹었다 하더라도 심각한 피해를 야기할 만한 양은 아니었다고 했고, 밥이 파란색으로 물들어 누구라도 먹지 않을 것이 분명했습니다. 그런 점으로 비추어볼 때 어설픈 범행임은 틀림없었지만, 며느리가 시어머니를 독살하려 했다는 것만으로도 지역사회에 충분히 충격을 주는 사건이었습니다.

재판을 앞두고 주의한 것은 첫번째가 당연히 피고인이 재판 절차에서 차별받지 않고 동등한 권리 보호를 받아야 한다는 것이고, 다음으로는 다문화가정, 이주여성의 인권 문제라는 프레임에 갇혀 선입견을 가져서도 안 된다는 점이었습니다. 가능한 한 한국 며느리가 같은 사건을 저질러 재판받는 경우와 다름없는 재판이 이루어지기를 바랐습니다.

가정 내 갈등은 누구의 입장에서 보느냐에 따라 너무나 다르게 보이기 때문에 최대한 다양한 입장의 여러 관련자들을 증인으로 불렀고, 개인적으로는 베트남 사회 문화와 역사에 관해 간략하게나마 공부하기도 했습니다.

재판 당일, 역시 가장 중요한 증인은 피해자인 시어머니였습니다. 앞서 나온 피고인 측 증인들의, 피고인의 고생과 설움에 관한 증언에 시어머니는 억울하고 복장이 터진다는 반응이었습니다. 시어머니의 증언은 조리 없고 금세 신세한탄으로 빠지곤 했지만 그래도 최대한 하고 싶은 말씀을 마음껏 하도록 했습니다. 진실은 어느 한쪽에 있지 않을 것이기 때문입니다.

시어머니 역시 며느리 못지않게 힘겹고 팍팍한 삶을 견뎌온 분이었습니다. 어린 나이에 시집 와서 남편을 잃고 홀로 노총각

둘째 아들과 애엄마 없이 자식을 키우는 첫째 아들까지 거두며 평생 쓰고 싶은 것, 먹고 싶은 것 생각도 못 해보고 몸이 부서져라 일하며 살아온 분이셨죠.

근검절약이 강박적일 만큼 뇌리에 박혀 있어, 자신이 젊어서 찬물에 빨래하던 버릇대로 며느리에게도 세탁기 돌릴 전기료를 아끼고 손빨래를 하도록 잔소리를 하고, 국제전화료에 손이 떨려 며느리가 친정에 전화하는 것에도 자기도 모르게 눈을 흘겨 뜨게 되었다는 것입니다.

살아온 삶이 힘들다보니 원래 목소리가 크고 말도 통하지 않고 말투까지 퉁명스러운 당신이 어떤 말을 해도 며느리는 항상 야단맞고 있다고 받아들인 것 같다고도 합니다. 사돈 장례식에도 며느리를 보내주지 못한 것은 미안하지만 당시 너무나 형편이 어려워 보내봤자 빈손으로 보낼 수밖에 없는데, 슬퍼도 조금만 참으면 어려운 친정을 도울 돈 오백만 원 정도라도 마련해줄 테니 그때 가는 게 낫지 않겠느냐고 며느리를 달랬다고 하더군요.

며느리와 시어머니의 감정의 골은 너무나 깊어 보였습니다. 시어머니는 원통하다고 증언하며 여러 차례 가슴을 손으로 쳤습니다. 며느리가 실은 거짓말도 자주 하고, 가출한 적도 있으며, 둘만 있을 때는 오히려 행패를 부리기도 했는데 마치 자신만 희생양인 것처럼 군다는 것입니다.

저는 사건 이후에 이 가정이 계속 유지될 가능성이 있는지 알고자 했습니다. 피고인의 남편에게 앞으로 어떻게 할 생각이 냐고 묻자, 무척이나 어눌한 그는 힘겹게 대답했습니다. 아내가 큰일을 저질렀지만 아이가 있는데 어떻게 하겠느냐, 분가해서 아내와 같이 아이를 키우며 살고 싶다는 것입니다. 법정에 있는 어머니 앞에서 고개를 들지도 못하던 그는 아내를 사랑하느냐는 질문에는 차마 대답하지 못했습니다.

피고인은 최후 진술에서 흐느끼며 시어머니에게 용서를 빌 었습니다. 서툰 우리말로 "어머니 잘못했어요, 용서해주세요"를 되뇌며.

시어머니에게 물었습니다. 며느리를 징역형으로 엄벌하기 를 원하느냐고. 시어머니는 답했습니다. 꼭 감옥에 보내고 싶은 것은 아니지만 날 죽이려고 한 며느리와 어떻게 같이 살겠느냐, 차라리 며느리를 베트남으로 보내달라, 다시는 보고 싶지 않다.

울고 있는 며느리와 한 맺힌 표정의 시어머니를 바라보며 솔직히 무력감을 느꼈습니다. 현실은 영화와 다릅니다. 모든 갈 등에는 빙산처럼 수면 밑에 더 거대한 뿌리가 있고, 해피엔딩은 쉽게 얻어지지 않습니다. 이 재판에서 최대한 갈등 당사자 모두 의 속마음을 털어놓도록 했는데 그 결과 오히려 갈등이 더 깊어 졌을 수도 있습니다.

감히 무엇이 최선인지 자신 있게 말할 수 있는 이는 아무도 없었지만 이 재판에 참여한 판사들과 배심원들이 오랜 시간 고민하고 토론한 끝에 선고한 판결은 다음과 같습니다.

## 양형의 이유

시어머니에게 독이 든 밥을 먹여 살해하려다가 미수에 그친 이 사건 범행은 비단 우리나라에서만 중하게 평가받을 범죄가 아니다. 피고인의 모국인 베트남 역시 역사적으로 과거제도를 실시하고 문묘와 국자감을 설치하는 등 유구한 유교적 전통을 가진 나라로서 가족의 유대관계가 강하여 우리나라와 공통점이 많다. 물론 그 외 세계 어느 문화권에서도 피고인의 범행을 가볍게 평가하지는 않을 것이다. 그런 점에서 볼 때, 피고인이 이주여성이라고 하여 더 가혹한 처벌을 받아서도 안 되겠지만 그렇다고 무원칙한 용서를 받아서도 안 될 것이다.

남성과 여성, 청년으로부터 중장년에 이르기까지 우리 시민사회를 대표하는 다양한 구성의 배심원은 피고인, 피해자인 시어머니, 피고인의 남편, 피고인과 마찬가지로 우리나라로 시집온 피고인의 여동생, 피고인 가족의 문제를 상담하였던 상담가, 피고인 가족의 이웃에 이르기까지 관련된 여러 사람의 입장을 장시간 경청하고, 유사한 내국인 범죄에서의 양형 사례와 양형 기준을 참조하며, 심도 깊은 토론을 거친 후 전원이 일치하여 피고인에 대한 형의 집행을 유예하기로 의견을 모았다.

배심원들이 이와 같은 결론에 이르게 된 것은, 먼저 피고인이 유산한 지 채 두 달도 지나지 않은 상태로 건강이 좋지 않음을 호소하고 있는 점, 피고인 부부의 딸이 불과 돌을 갓 지난 아기여서 어머니의 손길이 필요한 점, 피고인의 남편은 이번 사건에도 불구하고 피고인 및 딸과의 가정을 지키고 싶어 하고 있고, 피해자는 최소한 손녀에 대하여는 깊은 사랑과 걱정을 아끼지 않고 있어 이 가정의 미래를 위해 실형이 적절한 것인지 의문이 드는 점, 피해자는 피고인에 대한 분노를 표시하며 용서하지 아니하고 있지만, 다른 한편 피고인에게 중형을 선고하여 복역하게 하는 경우 아들과 손녀에게 돌이킬 수 없는 타격이 있지 않을지 또한 깊이 걱정하고 있는 점, 피고인이 힘겨운 시집살이 속에 언어장벽 때문에 의사소통도 제대로 하지 못한 채 오해가 반복되었고, 결혼 이후 친정 아버지가 돌아가셨는데도 한 번도 친정에 가보지 못하였으며, 피해자가 친정 식구와의 통화도 잘 못하게 하는 등의 이유로 갈등이 심화되던 중 충동적으로 이 사건 범행에 이르게 된 점, 피고인이 범행을 진심으로 반성하고 용서를 빌고 있는 점 등을 심사숙고한 결과이다.

본 재판부는 이러한 배심원들의 일치된 의견을 우리 시민사회가 단순한 처벌을 넘어 이 가정의 미래에 대하여 고민한 끝에 내린 성숙한 배려와 관용으로 받아들이고 이를 존중하기로 하되, 피고인의 행위에 대하여는 최소한의 책임이라도 지게 하는 것이 마땅하고, 미래에 같은 일이 반복되지 않도록 대책을 세우는 것이 필요하므로, 피고인에게 시어머니와 같은 노인들을 땀 흘려 돌보며 죗값을 치르고 자기 잘못을 뉘우칠 수 있도록 양로원 봉사활동 320시간의 사회봉사를, 본 건과 같이 극단적인 행동을 저지른 불안한 심리 상태를 치유하기 위한 상담 등 심리치료와 우리 사회에 정상적으로 적응할 수 있도록 하기 위한 교육 등 사회적응훈련 40시간의 수강을, 그리고 피고인이 재범의 위험성 없이 정상적인 가정생활을 유지하고 있는지 관찰하고 지도하기 위한 3년간의 보호관찰을 명하기로 하여, 주문과 같은 형을 선고한다.

## 주　　문

　피고인을 징역 3년에 처한다.

　다만 이 판결 확정일로부터 5년간 위 형의 집행을 유예한다.

　피고인에게 3년간 보호관찰을 받을 것과 양로원 봉사활동 320시간의 사회봉사 및 심리치료·사회적응훈련 40시간의 수강을 명한다.

# 음주운전,
# 어찌하오리까

—

        예전에 읽어본 중에 가장 뛰어난 항소
이유서를 읽고는 감탄한 나머지 복사해둔 일이 있습니다. 무면
허음주운전으로 세 번이나 벌금을 낸 적 있는 사람이 또다시 무
면허음주운전을 하다가 적발되어 1심에서 벌금 200만 원을 선
고받고는 벌금이 과다하다며 낸 항소이유서입니다. 참고로 이분
은 60세의 농민으로 고졸 학력이셨죠.


    저의 무면허음주운전 행위는 국법질서의 확립을 위하여 당
    연히 처벌되어야 합니다. 그러나 다음과 같은 사유들을 재고
    해주십시오.

첫째, 자동차는 현재 생활필수품이 되어 있는 상황이고, 특히 제가 살고 있는 지역은 교통의 오지로서 정상적 활동을 위해서는 자동차 운행이 불가피한 실정입니다. 또한 지난달 대통령의 도로교통법 위반자에 대한 사면이 있었고 이에 대한 네티즌의 찬반양론이 있었으나 우열을 가리기 힘들었다고 합니다. 이는 도로교통법에 기한 단속 등이 상당 부분 행정편의적으로만 이루어져왔음을 반증하는 것으로도 볼 수 있을 것입니다.

둘째, 음주운전 행위는 우리나라의 전통적인 생활문화가 서구의 자동차 문화로 전환되는 과정에서 오는 적응 미숙이라는 부분도 상당 부분 포함되어 있다고 생각하며, 이를 사회악으로만 일방적으로 몰아붙이는 것은 지나친 힘의 사용이라고 생각합니다.

셋째, 범법 행위에 대한 엄벌도 필요하지만 현재 가구당 연평균 이자부담액이 300만 원에 육박하는 실정에서, 과중한 벌금을 부과하는 것은 경제 능력이 미약한 사람에게 유전무죄 무전유죄라는 자조적인 허탈감을 주게 되고 이는 법의 존엄성과 정당성을 손상할 수도 있다고 생각합니다.

끝으로 오랜 기간 법관으로 재직하시던 분이 변호사 개업을 하신 후 하신 말씀 한 구절을 적습니다.

재직시에는 죄와 죄인만 보였는데 지금은 그 사람과 가족의 삶과 생활이 보인다.

웃어야 할지 울어야 할지 모르겠더군요. 변호사들이 써낸 항소이유서보다도 뛰어난 논리 전개과정 그리고 논리 끝에 정서에 호소하는 감동적인 마무리까지 돋보이는 명문입니다.

그러나 유감스럽게도 이 유려한 항소이유서를 읽고 아둔한 제 머리에 당장 떠오른 솔직한 판결 이유는 달랑 아래 한 줄이었습니다.

'……영감님, 그러니깐 제발 하지 말라면 좀 하지 마세요!!'

네, 이게 당시의 솔직한 제 심정이었답니다. 조사해보니 나름 여유 있는 농민이시기도 했고, 걸어 다니는 노인이 많은 한적한 시골길에서 음주운전 사고가 나면 치명적인 인명 피해가 따른다는 것을 여러 사건을 통해 체감하고 있었거든요.

요즘은 벌금 200만 원이 문제가 아닙니다. 벌이 훨씬 무거워졌어요. 음주운전으로 두 번 단속될 경우 2년에서 5년까지의 징역, 또는 천만 원에서 2천만 원까지의 벌금입니다. 단속수치도 0.03퍼센트로 낮아져서 그야말로 '한잔'이죠.

음주운전으로 인한 벌금이나 면허취소가 두려워 피하려다가 오히려 더 큰 처벌을 받는 경우도 많습니다. 음주운전을 하다가 경미한 사고를 내고는 음주운전 사실 적발이 무서워 사고처리를 안 하고 가버릴 때가 있는데, 이런 경우는 음주운전보다 더 무거운 특가도주(특정범죄 가중처벌 등에 관한 법률상 도주차량죄)에 해당하여 사태가 심각해집니다.

음주측정기에 바람을 부는 척만 하면서 요리조리 피해보려는 사람들도 있는데 그러다가는 음주측정거부죄로 단속되죠. 음주측정거부는 초범이라도 무조건 벌금 500만 원부터 시작합니다. 제대로 측정에 응했으면 단속기준 이하였을 수도 있는데 말이죠. 나중에 후회해도 소용없습니다.


또 한 사건은 음주무면허운전을 8, 9차례나 반복한 데다 집행유예 기간 중에 또 음주무면허운전을 한 경우여서 기준상 실형이 당연한 경우였습니다. 그런데 반성문을 읽어보니 깊은 산골에서 혼자 개와 닭 키우며 살고 있는데 구속이 되는 바람에 말 못하는 짐승들이 굶어 죽었을 것 같아 걱정이 된다는 거예요.

사람을 구속하네 마네 하는 마당이긴 하지만 그걸 읽고 나니 줄에 묶여 산 채로 죽어가는 불쌍한 동물들이 눈앞에 어른거려서 견디기 힘들더라고요. 기록을 샅샅이 뒤져보니 산 아래 동네 이장님이 피고인을 선처해달라는 탄원서를 내셨더군요. 그래서 법원 직원을 통해 이장님께 집에 가보시고 동물들을 좀 돌봐주실 수 있는지 부탁드려보았어요. 그런데 역시 시골 분들의 넉넉한 마음씨란…… 이미 이장님께서 동물들을 거두어다가 키우고 계시더라고요('설마 보신용?'이라는 생각이 0.5초 떠올랐지만 매사에 의심하는 직업병이라고 곧 자책).

법정에서 이 사실을 알려주었더니 피고인이 해맑게 좋아하더군요. 여하튼 이제 이 양반이 문제인데, 교육을 받은 적도, 가족도, 친구도, 재산도 없이 사는 낙이라고는 읍내 점방에서 막걸리 거나히 마시는 게 전부고, 첩첩산중에 사는데 무슨 대리운전이 있겠으며 택시가 있겠느냐고 호소하시더군요. 이야기를 듣고 나니 읍사무소 공익근무요원이나 파출소에서 이런 노인 분들을 댁까지 모셔다 드리는 공공서비스를 제공할 수만 있다면 참 좋겠더군요.

근데 이런 사건이 한두 건이 아니에요. 농촌마다 막걸리, 소주를 음료수처럼 달고 살면서 주로 소형 오토바이로 농로를 통해 읍내에서 농가로 다니는 노인 분들이 참으로 많더라고요. 무면허, 음주운전 전과가 한 페이지 가득하기 일쑤고 그러다보면 심지어 음주운전으로 실형을 서너 번 받고도 또 반복하는 경우까지 있더군요. 신통하게도 교통사고를 낸 적은 없으면서도 말이죠.

참말로 어찌하오리까.

하도 답답해서 법원조사관에게 어려운 통계조사를 부탁해보았어요. 소형 오토바이 교통사고로 인한 사망, 중상해 등의 비율과 자동차 교통사고로 인한 사망, 중상해 비율을 비교해달라고요.

제 가설은 소형 오토바이 사고의 경우 자기 피해는 크지만 보행자나 상대방 운전자 피해는 자동차 사고의 경우보다 경미하지 않을까 하는 것이었고, 타인 가해의 위험성이 자동차보다 가볍다면 양형에 참작할 수 있지 않나 하는 것이었습니다. 그런데 세분화된 통계를 구하기 어려워 그 검증이 쉽지 않더군요. 또 한 가지 생각은 이런 분들은 형벌의 대상이라기보다 치료의 대상이 아닌가 하는 관점에서, 제도적으로 강제적인 알코올중독 치료를 시키는 것이 낫지 않나 하는 것입니다. 마약중독 치료처럼 외부 출입도 못하게 하면서 상당 기간 전문병원에서 강제 금주나 치료를 받아야 의미 있는 치료가 될 듯하고요.

그런 근본 대책 없이 실형을 살려봤자 얼마 지나지 않아 똑같은 일만 반복될 뿐입니다. 그렇다고 재범의 위험성이 높다고 사고도 내지 않은 단순 음주운전을 위험성 때문에 징역 10년씩 선고할 수도 없는 일이고요.

결국 고민 끝에 국선변호인과 상의해 피고인을 일단 보석으로 풀어주고, 알코올중독 전문 병원에서 6개월간 장기 입원치료를 받도록 했습니다. 그런 다음 연말에 치료 성과가 있고 성실히 치료에 임했다는 보고서를 병원으로부터 제출받아 이를 참작해

보호관찰 및 집행유예를 선고했습니다. 그러고도 언제 다시 이 양반을 법정에서 보게 되지나 않을지 마음이 편하지가 않습니다.

음주운전, 어찌하오리까! 못 먹는 폭탄주라도 말아 먹으며 고민해봐야 하나요?

# 징역 1년의
# 무게

—

어떤 사건 기사를 본 적이 있습니다.

폭력 전과가 10여 차례 있는 오십대가 동네 막걸릿집에서 무전취식하다가 나가라는 여주인을 구타하여 전치 3주의 상해를 가하고 집기를 파손하고 피해자를 협박했다. 동네에 소소한 피해를 끼쳐온 골칫거리인 셈인데 그렇다고 큰 사건까지는 일으킨 적이 없어 그동안 벌금이나 집행유예만 받았었다. 이번 재판부는 엄벌 의지를 밝히며 실형 1년을 선고했다.

기사에 달린 댓글들을 읽어보았습니다. '1년이 엄벌이냐'

'저런 암적 존재는 영원히 사회에서 격리시켜야 한다' '미국이었으면 징역 20년은 했을 거다' '대만의 장개석 총통은 깡패들을 모조리 잡아다가 비행기로 태평양에 갖다 버렸다더라' '우리나라는 법원이 너무 온정주의적이어서 범죄가 끊이지 않는 거다'……

네, 죄에 합당한 정도의 형벌을 정하는 양형 문제는 참으로 어렵고도 중요한 문제입니다. 그런데 특정 범죄에 대한 양형이 너무 가볍다는 등의 문제 이전에 짚어보고 싶은 것이 있습니다. 기본적으로 어떤 형벌이 가벼운 것인지 무거운 것인지에 대해 판사들과 일반 국민들의 의식 사이에 너무나 큰 괴리가 있는 것이 아닐까 하는 점입니다. 그러다보니 법원이 누군가를 엄벌에 처했다는 기사가 나면 비웃음거리가 되기 십상인 것 같습니다.

벌금이나 집행유예는 형벌도 아니고 실형만이 형벌이라고 생각하는 경우, 적어도 징역 10년 이상은 되어야 어느 정도 엄벌이라고 받아들이는 경우, 중한 범죄에 대해서는 영원히 사회에서 격리하는 형벌만이 적절하다고 주장하는 경우 등을 보게 되는데 이러한 입장을 '엄벌주의'라고 부를 수 있을 것 같습니다.

### 엄벌주의

'엄벌주의'는 사실 인간의 본성에는 가장 부합하는 입장일 것입니다. 고대 함무라비 법전이나 구약성서, 고조선의 팔조금

법 등 동서양을 막론하고 고대문명의 기본이 되는 형벌 이론은 '눈에는 눈 이에는 이' 식의 동해보복同害報復과 엄벌주의입니다. 살인한 자는 죽이고, 도둑질한 자는 팔을 자르며, 간음한 자는 거세하고, 빚 안 갚는 자는 노비로 삼는다는 식이죠. 현대에도 아랍권, 중국, 북한 등의 형벌은 상당히 엄한 것으로 알려져 있습니다.

문제는 흔히들 생각하는 것처럼 '엄벌주의'가 범죄율을 낮추는 특효약이라는 증거는 없다는 점입니다. 만약 '엄벌주의'로 안전하고 행복한 사회를 건설할 수 있다는 것이 형사정책적으로 입증되었다면 지금도 대다수의 문명국가들에서 빵 하나를 훔쳐도 평생 감옥에 가두는 식의 형벌체계를 유지하고 있겠죠. 하지만 선진국 중 우리나라보다 전반적인 형벌 수준이 높은 나라는 미국과 싱가포르 정도입니다.

특히 엄벌을 주장하는 사람들이 따라야 할 모범이라고 주장하는 곳이 미국인 것 같습니다. 미국은 확실히 선진국 중 가장 형벌이 엄한 나라 중 하나입니다. 한 연구논문에 따르면 미국의 수감자 수는 200만 명을 넘고 있으며, 1999년을 기준으로 프랑스의 수형자가 평균 8개월형을 선고받은 데 비해 미국의 수형자는 평균 34개월형을 선고받았다고 합니다.

그렇다면 미국이 프랑스보다 4배 더 형벌이 엄하므로 4배 더 안전한 국가일까요? 거꾸로 4배 더 무거운 형벌이 필요할 정도로 위험요소가 많은 사회라고 해석할 수도 있지 않을까요?

그리고 '엄벌'은 공짜가 아닙니다. 우리나라가 미국처럼 평균적인 형벌 수준이 높아 많은 수감자 수를 유지해야 한다면 교도소나 소년원 같은 교정시설을 엄청나게 증설해야 하고, 세금으로 그 많은 수감자들을 먹여 살려야 합니다. 동시에 수감 인원 증가는 사회적으로 노동력 감소를 의미하기도 하죠. 물론 그런 사회적 비용을 투입해야 할 만큼 범죄로 인한 사회적 손실과 위험이 큰 상태라면 이를 감수해야 하겠지만 우리나라는 성범죄 등 일부 분야를 제외하면 비교적 치안이 안전한 나라 중의 하나로 꼽히곤 합니다.

또한 '엄벌' 여부를 판단할 때 징역을 하루도 받아본 적 없는 일반 시민들이 막연히 영화에서 본 것만 가지고 추측하는 것과 실제 형을 복역하는 사람들이 복역 기간이나 그후의 사회생활에서 받게 되는 고통이나 불이익은 다를 수 있다는 점을 생각해야 합니다.

저는 사법연수생 시절 국선변호를 위한 교도소 접견, 검찰시보 시절 인권 보호를 위한 유치장 감찰, 형사단독판사 시절 관내 교도소 시찰을 할 기회를 가진 적이 있습니다. 형사재판 업무를 할 때는 피고인이 교도소에서 써내는 엄청난 양의 편지, 탄원서 등을 읽고 법정에서 대화도 하게 되지요. 그런 과정에서 얻은 결론은 인간이 다른 인간에 의해 동물처럼 '우리'에 갇혀 자유를 박탈당하고 처벌받는 것은 막연히 생각하는 것 이상의 고통이라는 것입니다.

물론 우리나라 교정행정이 엄청나게 발전하고 있고 재소자의 인권도 신장되고 있지만 아직까지도 예산의 한계 등으로 인해 교도시설의 수급이 원활하지 못한 경우가 있습니다. 제가 십여 년 전에 본 사례 중에는 그리 넓지 않은 감방에 16명의 재소자가 정좌 자세로 빈틈없이 앉아 수감되어 있는 경우도 있었습니다. 잘 때는 옆으로 누워 퍼즐 맞추기를 해야 되겠더군요.

한여름인 8월 초, 35도를 오르내리는 기온일 때는 감방의 온도가 어떨지 상상하기도 힘들었습니다. 특이한 것은 전통적인 징벌방인 독방(한 명이 세로로 누우면 꼭 맞는 정도 사이즈)에 두 명의 죄수가 나란히 정좌해 있기에, 무슨 독방에 두 명이 있느냐고 물었더니 청사 사정상 독방을 한 명이 쓰는 사치(?)는 허락되지 않는다고 하더군요. 물론 이 사례는 갑자기 관할 조정 등으로 당해 교도소에 수감해야 할 인원이 급증했는데 미처 교도소 증설 등이 이루어지지 못한 과도기의 특수한 사례였던 것으로 기억합니다.

여하튼 평생 처음으로 자유를 구속당하여 남들이 쳐다보는 쇠창살 속에 수감된 사람들은 그 기간이 단 하루, 아니 몇 시간만 되어도 엄청난 공포와 좌절감, 자기모멸과 혼란을 느끼게 됩니다. 정치범, 양심범, 장기수 등이 상대적으로 수감생활을 잘 견디는 것은 인간성을 파괴하는 최대 요소의 하나인 '자기모멸'로부터 비교적 자유롭기 때문인지 모릅니다.

어린 시절 이불에 오줌을 싸고 일어나서 느끼는 공포와 자기모멸의 기억을 되살려보세요. 전통적인 징계 수단인 키를 쓰고 소금을 얻으러 마을을 돌아다니게 하는 방법은 형벌의 본질을 정확히 알고 있는 사람들이 고안한 가혹한 형벌이라 생각됩니다. 인간이란 자기의 잘못과 치부를 공개적으로 지적당하고 멸시받는 경험을 하면 자아의 일부분이 파괴된다고 볼 수 있습니다. 그러고는 나름대로 대응하죠. 자존을 상실한 채 무조건 순종하고 눈치를 보든지 자존을 억지로라도 지키기 위해 자기의 잘못을 끝까지 합리화하고 사회를 적대시하든지…… 더 나아가 타인에 의해 자유를 박탈당한 채 감시되는 삶을 길든 짧든 경험하고 나면 이후의 삶은 달라질 수밖에 없겠지요.

재미있는 것은 흔히 기사 댓글에서 보는 반응과 실제로 국민참여재판에 참여한 배심원들의 양형 의견은 무척 다르다는 점입니다. 여러 건의 국민참여재판을 진행해보았지만 배심원들이 법관의 의견과 전혀 다른 중형을 주장하는 경우는 없었습니다. 오히려 예상보다 관대한 처벌을 주문해 놀란 적이 많았습니다. 대체로 연령이 높고 사회 경험이 많을수록 관대한 의견을 내는 경우가 많았고요. 그만큼 나이가 들수록 인간이라는 존재의 나약함과 실수 가능성에 대해 이해하기 때문이 아닐까 합니다.

재판을 마친 후 배심원들에게 소감을 물어보면 공통적으로 말하는 것이, 언론 보도를 통해 몇 줄로 사건을 접할 때와 직접 하루종일 재판에 참여하면서 피고인을 직접 보고 범행 동기와 전후 사정을 들을 때의 느낌은 너무나 다르다는 것입니다.

한번은 우발적인 살인사건이었는데, 배심원 7명 중 4명은 징역 6년, 1명은 징역 5년, 나머지 두 명은 8년, 10년 의견을 제시하더군요. 통상적인 법원의 양형례보다 너무 낮은 의견들이라 고심하지 않을 수 없었지만 국민의 사법 참여라는 국민참여재판의 취지상 이를 존중하지 않을 수 없어 일반적인 예보다 낮은 형을 선고했습니다. 아마도 비난 댓글이 폭주했겠지요.

무작위로 선발된 배심원들이 오히려 판사들보다도 낮은 양형 의견을 제시한 이유는 무엇일까요. 여러 가지 요소가 있었겠지만 아마도 가장 큰 이유는 이것이었던 것 같습니다. 피고인은 며칠 동안 여인숙을 전전하며 도피하다가 죽음으로 친구에게 속죄할 마음으로 칼로 팔목을 깊게 그어 자해했습니다. 병원에 후송되어 목숨은 건졌지만 신경이 손상될 정도로 깊은 상처를 입어 팔을 쓰지 못하는 상태에서 법정에 섰습니다. 재판 내내 고개를 푹 숙이고 말을 잇지 못하는 피고인에게서 배심원들은 진정한 반성의 빛을 본 것이 아닐까요.

아마 이 일화에 대해서도 배심원들의 값싼 동정이라거나 피고인의 쇼가 아닌가 하는 등의 냉소가 당연히 있을 것입니다. 하지만 그렇게 말하는 이들도 직접 배심원이 되어보면 어떤 의견을 낼지는 또 알 수 없는 일입니다.

### 필벌주의

엄벌주의에 비해 범죄율을 낮추는 데 보다 효과적인 것은 오히려 '필벌주의'일지 모릅니다. 범죄를 저질러 처벌받을 확률이 매우 높다면 충동적 범죄를 제외한 일반 범죄의 범죄율은 상당히 떨어집니다. 쉽게 들 수 있는 예가 바로 '카파라치'입니다. 교통단속당국이 카파라치에 의한 교통위반사범 신고를 포상하게 하자 위반 사례는 극적으로 감소했습니다. 역사적으로도 측천무후 시대의 비밀 밀고조직, 북한의 오호담당제 등 전 사회적인 상호감시와 밀고체제는 범죄 적발률을 매우 높이는데, 이러한 경우 충동 범죄를 제외한 범죄의 범죄율은 상당히 떨어지곤 했습니다.

문제는 '필벌주의'는 양날의 검이라는 점입니다. 인간이란 근본적으로 언제나 완벽히 충족되지 않는 욕구 아래 한정된 자원을 가지고 경쟁이나 투쟁을 하는 존재이기에 모든 사람이 규칙을 완벽하게 준수하며 산다는 것은 불가능합니다.

또한 역사적인 사례들을 통해서도 보았듯이 범죄를 완벽히 적발해내 벌하는 사회는 엄격한 통제사회가 되는데, 개인들이 사회의 완벽한 통제에 대해 느끼는 고통이 범죄 피해를 입을 가능성으로 인한 고통보다 클 수도 있습니다. 오죽하면 엄격한 청교도주의 통치자 크롬웰이 사망하자 그동안 지나치게 도덕적으로 살아야 했던 백성들이 기뻐서 만세를 불렀다는 이야기가 있을까요.

스탠리 큐브릭 감독의 영화 〈시계태엽장치 오렌지〉는 전반부의 개인의 본능적인 폭력 범죄와 후반부의 개인의 범죄 충동을 테크놀로지로 거세하여 순종적인 바보로 만드는 체제의 구조적 폭력을 대비해 보여주면서 무엇이 더 무서운 것인지 질문했었습니다. 『데스 노트』라는 만화도 큰 인기였죠? 일기장에 범죄자의 이름을 적어넣기만 하면 범죄자를 죽게 할 수 있는 '데스 노트'로 범죄 없는 세계를 만들려는 비뚤어진 이상주의자가 세계를 공포로 몰아넣는 이야기입니다. 이런 이야기의 기발한 만화적 상상력은 '필벌주의'나 '엄벌주의'로 손쉽게 범죄 없는 행복한 세상을 만들 수 있지 않을까 하는, 다들 한번쯤 해봤을 법한 상상에 기반을 두고 있습니다. 하지만 만화의 결말도 그렇듯이 인간사는 그렇게 단순 명쾌하지 못한 것 같습니다.

### 엄벌주의와 필벌주의를 넘어

결국 가치상대주의에 기반한 현대 자유민주주의 국가에서 '엄벌주의'와 '필벌주의'는 모두 형사정책적 수단에 불과하지 목적이라고는 볼 수 없습니다. 그리고 범죄 역시 인간 사회의 다른 모든 위험과 마찬가지로 절멸의 대상이라기보다 관리의 대상인 것 같습니다.

범죄를 절멸하려는 시도는 가능하지도 않을뿐더러 또다른 위험을 낳기에 적정한 선을 넘지 않도록 범죄를 관리하는 게 목표가 되어야 한다는 것이죠. 형벌의 수준도 사회의 안전함을 보장하기에 적절한 수준이면 족하지 도덕적 원칙에 따라 형벌 수준이 절대적으로 어느 정도에 이르러야 하는 것은 아닌 것 같습니다.

기본적으로 문명 발전의 방향은 형벌을 적절하게 억제하는 방향이지 그 반대 방향은 아닙니다. 함무라비 법전식의 동해보복도 당시가 고대사회였음을 생각해보면, 오히려 죄인을 무조건 처형해버리는 것과 같이 무원칙한 엄벌주의를 피해와 동일한 수준의 처벌만 가능하도록 억제한 것으로 볼 수도 있는 것입니다.

다만 국민의 법감정만을 맹목적으로 추종하여 엄벌주의로 일관하는 양형은 당연히 경계해야 하지만 최소한 시민사회의 가장 기본적인 윤리 의식과 결부된 범죄(살인, 성범죄, 장애인에 대한 범죄 등)에 대한 양형이 국민의 법감정과 괴리되면 심각한 사회적 분노와 사법 불신을 야기하게 된다는 것을 우리는 이미 경험적으로 알고 있습니다.

CEO 범죄 등 화이트칼라 범죄에서의 일반 범죄와 균형을 잃은 양형 역시 '유전무죄 무전유죄' 논란을 낳고 사회적 갈등을 낳는 심각한 문제입니다. 법 앞에 만인이 평등하다는 신뢰야말로 사회를 지켜내는 중요한 버팀목인 것입니다.

이러한 몇몇 범죄에 대한 형벌 수준이 적정한지에 대해서는 뼈저린 고민과 개선이 필요합니다. 그렇다고 전반적인 우리나라의 형벌 수준이 일반적으로 너무 낮다거나 무조건 형량을 지금의 몇 배로 올려야 한다고 보기는 어렵지 않을까 합니다.

범죄가 피해자에게 미치는 고통에 대해 함부로 말할 수 없는 것과 마찬가지로, 범죄자에 대한 징역 1년이 엄한 벌인지 아닌지 역시 쉽게 말하기는 어려운 문제입니다. 더욱이 판사로서는 '징역 1년의 무게'를 함부로 가벼이 여길 수는 없는 것입니다.

사람
목숨의 값 ■

—

　　　　　　　　　앞 글에서 말했듯이 엄벌주의가 능사
가 아니고 판사로서 '징역 1년의 무게'를 함부로 가벼이 여길 수
는 없습니다. 하지만 동시에 시민사회의 가장 기본적인 윤리의
식과 결부된 범죄에 대한 사법부의 양형이 국민의 법감정과 지
나치게 괴리될 경우, 심각한 사법 불신을 야기하게 된다고도 말
씀드렸습니다. 이 문제는 살인죄의 형량에 대한 고민에서부터

■ 이 글은 살인 등 중범죄 재판을 담당하던 2012년에 법관게시판에 쓴 글을 다듬은 것
입니다. 일부 범죄에서 법원의 양형에 대한 국민들의 분노가 반복되곤 하는 현실 속에서
동료 법관들과 고민을 나누고자 한 것이죠. 여러 법관들이 댓글로 공감하며 같은 고민을
토로하더군요. 변화의 시기인 것 같습니다. 몇몇 사건들에서 전에 없던 중형이 선고되기
시작했고, 2013년에는 살인죄에 대한 대법원 양형 기준이 상당히 높아졌습니다.

풀어가야 할 것 같습니다.

　법원의 양형 정보시스템을 이용한 통계를 보면 1년간(2011. 6. 13.부터 2012. 6. 12.까지) 전국 법원에서 선고된 사건 중에서 살인죄 죄명을 포함한 사건 총 297건의 형량 중 징역 10년이 50건(16.84퍼센트), 그다음이 징역 15년으로 31건(10.44퍼센트)이었습니다. 전체 사건 중 징역 15년 이하가 총 250건(84.1퍼센트)이므로, 결국 징역 15년 이하의 사건이 대부분이었습니다. 여기에는 몇 가지 문제점이 있다고 생각됩니다.

　무엇보다 먼저 양형 결과가 국민의 법감정과 심하게 배치되지 않느냐 하는 점입니다. 살인죄는 인간의 존엄한 생명을 앗아가는 범죄로 피해 회복이 불가능합니다. 따라서 국민 중에 이 정도 형량이 적정하다고 생각하는 사람의 비율이 얼마나 될지 의문입니다. 그런데 탄원서나 반성문 등을 읽다보면 범죄자들조차 사람 한 명을 살해한 경우 징역 13년 정도를 선고받을 것으로 예측하고 있었습니다. 게다가 일정 기간이 지나면 가석방도 가능하지요. 그래서인지 살인죄 피고인이 아직 1심 재판중인데도 출소하면 무슨무슨 일을 하면서 살겠다, 가족을 위해 너무 오래 복역하게 하지는 말아달라는 등의 반성문을 내는 경우를 보기도 합니다. 그럴 때마다 이것이 돌아가신 분에 대한 최소한의 예의인가 하는 생각에 인간이라는 존재에 대해 곱씹어보게 됩니다.

　근본적으로 살인죄의 양형은 모든 범죄 양형의 암묵적인 기준점 역할을 해왔다고 봅니다. 그런 점에서 살인죄에 대해 징역 13년 정도를 선고하는 종전 양형 관행은 다른 끔찍한 범죄의 양형을 순차적으로 낮추는 역할을 했다고 볼 수 있습니다. '그래도 살인은 아닌데 살인죄보다 무겁게 벌할 수는 없지 않은가'라는 생각이 작용하는 것이죠. 행동경제학에서 말하는 앵커링 효과 anchoring(처음 제시한 조건에 얽매여 크게 벗어나지 못하는 효과)랄까요. 그러다보니 성범죄 등의 양형이 너무 낮아 심각한 국민적 비판에 직면하게 되기도 했지요. 지금은 역으로 일련의 사건 이후 성범죄에 대한 형량이 대폭 상향되어 살인죄 형량과의 역전 현상이 나타나 또다른 불균형을 낳고 있습니다. 이는 살인죄의 양형 분포가 지나치게 낮기 때문에 발생하는 문제라고 생각합니다.

이제 징역 15년의 의미는 과거와 다릅니다. 1960년대에는 한국인의 평균수명이 52.4세에 불과했지만 2009년 출생아를 기준으로 한 평균 기대수명은 80세에 이르렀습니다. 형법이 1953년에 제정되었으니 당시 평균수명을 50세 정도라고 가정하였을 때, 현재 평균수명은 그때보다 60퍼센트나 길어진 것입니다. 이십대, 삼십대에 살인을 저지른 범죄자가 징역 13년, 15년을 선고받아도 아직 창창한 삼십대, 사십대에 형기를 마치게 되는 것이지요. 과연 피해자의 유족들이 이러한 형벌에 대해 정의가 실현되었다고 수긍할 수 있을까요.

심지어 살인을 저지른 자가 출소한 후 다시 다른 이의 생명을 앗아간 사건까지 발생한 적이 있습니다. 극단적인 가정이지만 한 명을 살해할 경우 13년 정도의 실형을 받고, 작심하고 모범수로 지내면 그보다 일찍 가석방될 수 있다고 예측한다면 10년 정도 복역할 것을 처음부터 각오하고 계획적으로 사람을 살해할 수도 있다고 봅니다.

### 변화와 고민

이러한 문제들을 반영해 중대한 법정형의 변화가 있었습니다. 2010년 형법 개정(2010. 4. 15.)으로 유기징역형의 상한이 15년에서 30년으로 대폭 상향되었지요. 물론 너무 급격한 상향이고 중벌주의에 치우쳤다는 등 학계의 많은 비판도 있었습니다. 그러나 법관의 입장에서는 법이 위헌이라고 판단되면 위헌제청을 할 것이되, 그렇지 않을 경우에는 따라야 할 의무가 있다고 생각합니다.

당시 국회의 형법 개정 이유는 "현행법은 유기징역의 상한을 15년으로 제한하고 있어 무기징역과 유기징역 간 형벌 효과가 지나치게 차이가 나고 중대한 범죄를 저지른 경우에 그에 따른 형벌을 선고하는 데 제한이 있으므로, 유기징역의 상한을 상향 조정하여 행위자의 책임에 따라 탄력적으로 형 선고를 가능하게 한다"는 것이었습니다.

위 법 개정이 모든 범죄의 형량을 두 배 상향하라는 의미는 당연히 아니지만 최소한 가장 무거운 범죄군에 선고되는 형량은 대폭 상향될 수밖에 없는 것 아닌가 합니다. 즉, 형량 분포를 삼각형으로 표시할 경우 종전의 납작한 삼각형에 비해 밑변은 그대로이지만 꼭짓점은 종전보다 두 배까지 상향된 형태의 삼각형이 되어야 하지 않나 하는 것이지요.

사실 과거, 대부분 15년 이하였던 살인죄의 형량 분포에는 실정법상 근거가 있었다고 볼 수 있습니다. 개정 전 형법의 유기징역형 상한이 징역 15년이었기 때문에 살인죄를 가장 무거운 죄로 보고 양형을 하되 사형이나 무기징역형까지는 선택하지 아니한 경우 징역 15년이 사실상 가장 무거운 양형이었던 것이고, 이를 기준으로 정상을 참작해 단계적으로 감형했던 것이라고 봅니다. 그런데 이제는 유기징역형 상한이 징역 30년이므로 근본적으로 상황이 다릅니다.

법 개정 후에도 선고되는 형량이 급격히 변화하지는 않는 이유는 두 가지가 있습니다. 먼저 수십 년 동안 형성되어온 형량의 범위를 급격히 변경하는 것에 대한 법관들의 본능적인 신중함입니다. 이러한 신중함은 존중받을 측면이 있습니다. 피고인 또한 소외계층인 경우가 많은 살인사건에서 법관들이 과연 피고인을 비호하기 위해 또는 변호인과의 친분 때문에 형량을 낮추겠습니까? 사실 손쉽게 국민과 언론의 박수를 받는 길은 피고인을 파격적인 중형에 처하는 길입니다. 피고인을 엄벌에 처하라는 빗발치는 여론의 압박과 피 끓는 유족의 호소, 검찰의 높은 구형 가운데, 모든 비난을 예상하면서도 예외적인 중형을 선뜻 선택하지 못하는 법관의 고뇌는 결코 국민의 법감정을 무시한 오만은 아닙니다.

또하나의 이유는 항소심의 존재입니다. 항소심은 넓은 관할 내 여러 지역, 여러 재판부의 판결을 동시에 검토합니다. 특정 재판부의 형량이 다른 재판부들보다 유독 높으면 그 재판부에서 재판받은 피고인만 불이익을 입게 되는 것이므로 형량을 깎게 되죠. 이런 일이 반복되면 그 재판부도 결국 항소심의 기준을 따를 수밖에 없습니다. 이것은 당연한 항소심의 할 일이기는 한데 이러한 점이 앞서 언급한 것처럼 형량의 상향을 고민할 수밖에 없는 여러 사유가 있는 과도기에 필요한 변화의 시도마저 불가능하게 만들 수 있습니다.

양형 기준의 상향이 가장 효과 있는 대책이긴 합니다만 그것만으로 모든 문제가 해결될 수는 없습니다. 양형 기준을 정해도 살인죄 등 중범죄의 성질상 선택 가능한 형량 범위가 넓을 수밖에 없기 때문에 양형 기준이 정한 범위 중 최하한을 선택하느냐 최상한을 선택하느냐에 따라 또 큰 차이가 생길 수 있습니다. 예를 들어 양형 기준을 징역 15년 이상 무기징역까지로 정했을 때 대부분의 재판부가 징역 15년만을 선택하게 되면 같은 문제가 반복되지요.

## 법관의 사명 그리고 숙명

결국 법관에게 주어진 양형 재량의 범위가 넓은 중죄라면 이를 스스로 좁히는 신중함이 자칫 국민이 법관에게 부여한 무거운 사명을 회피하는 결과가 되지는 않는지 돌아볼 필요가 있다고 생각합니다.

살인죄의 법정형은 징역 5년에서 30년, 무기징역형, 사형입니다. 형의 감경이나 집행유예도 가능하니 사실상 제한이 없는 것이나 마찬가지지요. 국민을 대표한 입법부가 이렇게 예외적으로 넓은 양형 재량을 법관에게 부여한 이유는 살인죄에는 단지 사람을 살해했다는 결과만으로 동일하게 취급할 수 없는 넓은 스펙트럼이 있기 때문입니다. 어린 시절부터 살인 이상의 잔인한 영혼 파괴를 반복해온 의붓아버지를 살해한 김보은 양 사건처럼 정당방위에 의한 무죄가 아닌지를 먼저 고민해야 할 사건부터 21명의 노인과 여성을 잔혹하게 살해한 연쇄살인범 유영철 사건까지 동일한 살인사건은 단 한 건도 없습니다. 사람 한 명을 죽였느냐 두 명을 죽였느냐 등 단순한 수치로 환산할 수 없는 무수히 많은 다른 요소들이 존재합니다. 한 명을 죽였어도 다른 요소들을 치열하게 고민한 후, 비난의 가능성이 높아 무거운 책임을 물을 수밖에 없는 사건에 관해서는 징역 20년, 30년, 아니 그 이상도 선고하는 것이 당연합니다.

그리고 법관으로서 당연히 국민들의 분노와 엄벌 여론을 인민재판식으로 맹목적으로 추종해서는 안 되겠지만, 그렇다고 이를 경계하기만 할 일은 아닙니다. 법이론적으로도 형사책임의 본질은 비난 가능성입니다. 한 사회공동체나 법공동체가 여러 범죄 중 어떠한 행위에 대해 유독 높은 비난을 가한다는 것은 사회가 평가하는 그 행위의 비난 가능성이 높기 때문입니다. 이 요소가 법원이 그토록 중시해온 '유족과의 합의'보다 덜 중요할 이유가 무엇입니까.

사법의 독립이 국민으로부터의 독립은 아닐진대, 이제는 정말 깊은 고민이 필요한 때인 것 같습니다. 국민이 법관에게 부여한 양형의 재량에 대해 스스로 삼가고 자의를 막기 위해 최대한 편차를 줄이는 노력도 중요하지만 그렇다고 만에 하나 그 재량을 두려워하여 다른 것을 다르다고 선언하지 못하고 선례와 기준으로 도피해도 안 될 것이라고 감히 생각해봅니다.

그런 생각을 하면서도 마음이 무겁기만 한 것은 솔직히 중형을 선고하는 일이 참으로 무거운 십자가이기 때문입니다. 만에 하나 오판이 있을 경우 무고한 피고인에게 더욱 가혹한 고통을 가하게 되겠지요. 그래서 갈수록 재판을 하는 것이 두렵기만 합니다. 한 인간으로서는 자신의 부족함을 잘 알기에 감히 백 퍼센트 확신할 수 있는 일은 어느 하나 없는데도, 맡은 소명은 주어진 증거의 테두리 내에서 판단해 입증이 되었다고 판단하면 피해가지 말고 명확히 정의를 선언하는 것이기 때문입니다. 무죄를 치열하게 주장하는 사건이라고 해서 재판 결과 유죄를 인정하면서 적당히 형량을 낮추어 타협할 수는 없는 것이겠지요. 그래서 두렵습니다. 오판으로 누군가의 삶을 지옥으로 만드는 죄는 무간지옥에서 영원히 속죄할 수밖에 없는 것이겠지요. 늘 용서를 구하는 마음으로 법정에 임할 수밖에 없는 것 같습니다.

# 희망이
# 인간을 고문한다

—

　　파산부에서 3년간 근무하면서 숱하게
많은 파산자들의 구구절절한 사연을 접했습니다. 기록을 읽다가
주책없이 눈물을 흘리기도 하고, 분노를 느끼기도 하고, 결국은
답이 없는 막막함에 도달하곤 했습니다. 이렇게 많은 이들이 발
버둥치며 나름대로 열심히 살아보려고 할수록 그물에 걸린 짐승
처럼 더 깊은 수렁으로 빠지는 이유는 무엇일까.

　　제대로 시원하게 돈 한번 써보지 못하고 빚으로 빚을 막고,
카드로 카드를 막으면서 겨우 이자나 갚다가 그나마도 못 갚고,
어느새 눈덩이처럼 불어난 빚에 쫓겨다니는 시시포스의 운명에
서 헤어나오지 못하는 이유는 무엇일까.

물론 근본적인 이유는 인류 역사와 함께하는 경제구조와 사회구조의 문제이겠지요. 그런데 제가 가장 아프고 막막하게 느꼈던 측면은 역설적이게도 '희망'이 사람들의 고통을 증폭하고 불나방처럼 실패의 나락으로 이끌기도 한다는 점이었습니다.

희망이 무슨 죄냐고요? 희망과 꿈 없이 어떻게 삶과 행복이 있냐고요? 맞습니다. 문제는 희망이 획일화되고 빈곤하다는 데 있습니다.

자본주의의 압축 성장기와 그 모순의 격화로 인한 기존 권위 부정의 혁명기를 거치면서 2000년대의 한국은 물신숭배 외에는 남지 않은 아노미 상태인 것 같습니다.

어릴 적에는 누구나 부모님으로부터 또는 책으로부터 '돈이 행복을 의미하지 않는다' '가난해도 정직한 사람이 훌륭하다'는 식의 교훈을 들으며 컸지만 이제는 그런 소리를 하면 바로 '웃기시네'라는 냉소만이 돌아오죠.

어리나 늙으나 대놓고 연봉이 얼마냐, 사는 동네가 어디냐, 모는 차가 뭐냐에 관심을 표하고, 대중매체에서는 럭셔리한 셀러브리티들의 삶을 예찬합니다. 인터넷 쇼핑몰 몇 억 대박이 어떻고, 머스트해브 아이템이 뭐고, 드라마 주인공은 죄다 외제차 끄는 재벌 2세에, 당신이 사는 곳이 당신을 이야기해준다고 하고……

기성세대의 위선을 비웃고 가치를 전복하려 싸우다보니 어느새 이제는 위악이 쿨한 것이고 날것의 욕망이 솔직한 시대가 돼버린 것 같습니다. 하지만 위악이 위선보다 나은 것이 도대체 뭐죠?

물질적인 부가 인간의 가치까지 결정해버리는 사회 분위기 속에서 사람들은 부의 피라미드 위로 올라가기만을 희망합니다. 아파트 평수 늘리기, 서울의 주변부에서 중심부로 한 걸음씩 이사 가기, 자동차 배기량 늘리기가 한 인간의 자아성장인 시대.

그나마 다들 조금씩이라도 사다리 위로 올라갈 수 있는 고속 성장기에는 마약처럼 그 가속도에 취해 버티지만, 그 속도가 더뎌진 후에는 자신의 인생 자체가 실패인 것 같은 좌절감과 분노만이 남게 됩니다.

1990년대 연쇄살인 집단인 지존파 검거 후, 기자들이 이들에게 마이크를 들이댄 적이 있었습니다. 그때 한 범인이 정말 이를 갈면서 한 말, "압구정동 오렌지족들! 내 이것들을 잡아 죽이지 못한 게 한이다!" 전 이 말이 너무나 소름끼쳤습니다. 서민 계층 젊은이의 저 처절한 살의가 향한 곳이 개인적 원한도, 착취구조의 핵심도 아닌 물신적 소비 욕구의 상징이라니요.

아이러니는 정작 그들이 끔찍하게 납치, 살해한 이들은 부유층도 아닌 서민들이거나 기껏해야 중간 계층 정도의 시민들이었다는 점이죠. 명품 옷을 걸치고, 외제 스포츠카를 끌고, 압구정동에서 헌팅하는 오렌지족이 최고로 부러운 삶이 되어 다수의 삶을 초라하게 만들고 있었던 겁니다.

어느 시대, 어느 나라고 오렌지족 같은 존재는 있었지만 그게 예찬의 대상, 숭배의 대상, 죽이고 싶을 정도로 처절한 분노의 대상이 되는 사회는 곧 소수의 오렌지족 외의 모든 사람들이 불행한 사회를 뜻합니다.

게다가 이런 대중의 물질적 욕망 배후에는 자본의 논리가 있습니다. 로버트 매닝의 『신용카드 제국』이라는 책을 읽어보면 미국의 1970년대 장기불황 시대에 금융자본이 기업금융으로 수익을 창출하지 못하자 찾아낸 활로가 소비자금융임을 알 수 있습니다.

열심히 일한 당신, 떠나라!

BC로 사세요~

뭐하러 아등바등 근검절약하며 꿀꿀하게 사니? 카드 긁어서 사고 싶은 명품 짝퉁이라도 사고, 술집도 가고, 여행도 가~ 너 고생할 만큼 했잖아. 인생을 즐겨, 즐기라고!

이게 다 이미 30년 전에 시티그룹을 비롯한 세계적인 소비자금융자본이 인간의 나약한 심리와 보편적인 욕망을 치밀하게 연구해서 만들어낸 마케팅 기법의 되풀이라는 것입니다.

『맞벌이의 함정』이라는 책에 인상적인 장면이 나옵니다. 하버드 로스쿨의 엘리자베스 워런 교수가 시티그룹 중역들 앞에서 강연할 기회가 있었습니다. 교수는 신용카드 남발과 소비자신용 과다가 평범한 미국 중산층을 파산으로 몰아넣고 있다고 열변을 토합니다. 그런데 높은 중역이 말을 가로막고 한마디합니다. "교수님, 바로 그 사람들이 우리 그룹의 이윤 대부분을 창출하고 있습니다."

결국 사람들은 자기 수입의 범위 내에서 근검절약하던 미덕을 촌스러운 시대착오적 행동으로 치부하게 되고, 실현 가능성 없는 미래의 수입을 당겨쓰기 시작합니다.

하지만 카드 대금고지서는 쌓여만 가는데, 월급봉투는 그대로. 남들은 모두 손쉬운 대박으로 부의 사다리를 올라가고 있는데 자기만 낙오되고 있는 것 같은 불안감에 조급해지기 시작하죠. 어느 세월에 쥐꼬리만한 월급을 한 푼 두 푼 저축해서 부자가 되겠어, 인생 한 방인데 나도 승부를 걸어야지. 그러고는 불나방처럼 승산 없는 게임에 몸을 던집니다. 돈 빌려서 주식 투자, 그것도 데이 트레이딩, 돈 빌려서 술집 개업 등 좀더 투기적인 사업 그리고 그놈의 피라미드, 다단계까지……

유감스럽게도 '하이 리스크 하이 리턴'의 전장은 게임의 규칙을 지배하는 극소수의 승자들이 독식하는 피비린내 나는 곳입니다. 감히 어리바리한 양민들이 들어와 푼돈이라도 건져 살아나갈 수 있는 곳이 아닙니다.

저는 어느 카지노에 가보고 충격을 받은 적이 있습니다. 드라마 〈올인〉에서 봤던 상류사회 느낌의 카지노 모습, 전혀 아닙니다. 슬롯머신에 눈이 퀭해진 채 꾸깃한 만 원짜리를 끝도 없이 쑤셔넣고 레버를 당기고 있는 사람들은 초라한 행색의 노인들, 아줌마들, 아저씨들이었습니다. 화장실에서는 고리대금업자(꽁지)들이 이런 이들에게 백만 원 단위 돈 묶음을 빌려주고 있더군요. 카지노 주변에는 숱한 전당포가 그들이 전국에서 타고 온 허름한 차, 결혼반지를 담보로 잡으며 성업중이었고요.

그 모습을 보고 있노라니 핑크플로이드의 영화 〈더 월〉과 같은 영상이 떠오르더이다. 부자의 저금통에 초라한 빈민들이 줄을 서가며 자발적으로 돈을 넣어주고 있는 모습, 끝도 없이…… 부자는 자기 저금통에 대신 저금해주는 바보들의 행렬을 보며 흐뭇해하죠. 사실 사회의 여러 부문의 본질은 부자나 승자의 저금통에 어리석은 빈민들이 스스로 자기 푼돈을 넣어주는 것의 반복일지 모릅니다. 카지노도, 도박도, 복권사업도, 경마, 경륜도, 투기적 주식 투자도, 피라미드도.

이들의 죄는 감히 절대 승산 없는 싸움에서 이겨 부자가, 승자가 될 수 있다고 착각한 죄입니다. 처음부터 패배하게끔 게임의 규칙이 짜인 판에서 50대50의 승률 게임을 하고 있다고 착각하고 있는 것이죠.

## 가족이 당신의 지옥이다

암담한 이야기를 툭 던져놓고 더 암담한 이야기를 이어갑니다. 파산사건을 보다보면 뜻밖에 주부나 젊은 직장 여성을 참으로 많이 본답니다. 이 여성들이 보석이나 명품에 꽂혀서 파산했을까요? 호스트바를 다니다가?

지겨울 정도로 반복되는 스토리는 대체로 다음과 같습니다.

이래 봬도 지방 명문고 출신의 수재인데 가세가 영락하여 이렇게 살고 있다며 늘 불공평한 세상에 울분을 토하시는 아버지와 그런 아버지 밑에서 숨 한번 크게 못 쉬어보고 큰 장녀. 그래도 실업계 고등학교를 졸업하고 작은 회사에서 열심히 일하며 알토란 같은 적금을 붓고 있습니다. 그러던 어느 날, 아버지는 시청 말단 공무원 동창 친구가 술자리에서 신신당부 생색내며 알려준 정보를 듣고는 내가 이렇게 살 놈이 아니다 어쩌고 하면서 시 개발사업 예정부지 매입사업에 뛰어듭니다. 자기만 믿으라는 기획부동산업자가 요구하는 자금은 눈덩이처럼 불어만 가고, 쥐꼬리만한 퇴직금과 전세보증금은 물론 장녀의 적금에 일가친척에게 사정사정해 연대보증 세워 빌린 사채까지 투입해도 태부족.

하지만 이미 말했듯 자본주의의 냉혹한 시장에서 아무나 승자가 될 리 없고, 진짜 고급 정보라면 먼저 순순히 이야기해줬을 리가요. 제가 본 세상의 이치에 따르면 누군가 나에게 권하는 것은 그 사람에게 이익이 되는 일이고, 나에게 이익이 되는 일은 남들이 한사코 감추고 있는 일입니다.

무조건 대박 난다던 사업은 밑 빠진 독에 물 붓는 것처럼 돈만 들어가는데, 아버지는 그놈의 미친 희망을 놓지 못하고 단돈 5백만 더, 3백만 더 넣으면 다 해결된다면서 장녀에게 신용카드 현금서비스를 받아올 것을 요구합니다.

하나로 안 되니 또 하나, 또 하나. 돌려막기와 카드깡의 길로 들어서죠. 장녀가 아무리 열심히 알바하면서 투잡족으로 일해도 매달 카드 이자 갚기도 허덕허덕. 그래도 대한민국의 위대한 가부장께서는 포기할 줄 모릅니다. 뭐, 결과는 뻔하죠. 밑 빠진 독 깨지고, 남은 건 빚쟁이 독촉뿐.

대한민국 잘난 사내들이 흰소리를 하며 벌인 큰일의 수습은 대부분 여자들 몫이더이다.

엄마는 파출부 일을 나가다 감당이 안 되니 옆집 아줌마를 따라 무슨 모임을 한번 갔다가 자석요를 잔뜩 사들고 친정 식구들, 동네 아줌마들에게 전화 돌리느라 날이 샙니다.

장녀는 온갖 카드를 돌려막다가 급기야 노래방 도우미로 시작하여 술집 아가씨로 나서 선불금까지 당겨쓰지만 이상하게 빚도, 병도 늘어갑니다. 그뿐인가요. 자기들도 먹고 살기 힘든데 그놈의 혈연 때문에, 정 때문에 읽어보지도 못한 연대보증서에 도장을 찍어준 친척붙이들, 판잣집에 가압류 딱지가 붙고, 소장이 날아오고……

그러면 이 지경을 만들어놓은 위대한 가장이 하시는 일은 무엇일까요? 어디 막노동판 나가서 용돈이라도 버는 분은 훌륭한 분이죠. 상당수는 큰 뜻이 좌절된 절망감을 달래시느라 매일을 술로 지새우고, 집에 와서 만만한 가족에게 화풀이합니다. 발길질하고, 병 깨고, 세간 뒤엎고.

옛말은 틀리지 않습니다. 불행은 동시에 온다는 화불단행禍不單行, 스토리가 이쯤 되면 가족 누군가가 병으로 쓰러지기 시작합니다. 가장께서 술로 마음을 달래다 술병으로 쓰러져 가망도 없는 치료비로 또 밑 빠진 독에 물 붓기, 힘들게 버티던 어머니도 과로로 하혈하며 쓰러지고. 우리 불쌍한 신데렐라 장녀는 아프려야 아플 자유도 없이 살인적인 연체이자나 갚아가며 희망 없는 삶을 기약 없이 지속하는 거죠.


도대체 그 잘난 삼강오륜, 효가 인간의 근본 운운하는 공자님 말씀으로 이 잔혹함을 다 정당화할 수 있을까요? 다른 나라였다면 이 지경에 다다른 가장의 응석과 저지레를 가족들이 받아주었을 거라고 생각하세요?

저는 이 모든 끔찍함의 배후에는 우리나라 특유의 가부장주의, 남성우월주의가 괴물처럼 도사리고 있다고 봅니다. 아들은 항상 큰 꿈을 꿔야 하고, 마누라를 휘어잡아야 하고, 사내대장부가 소소한 일에 연연해선 안 되고, 사내놈이 욱하는 심정에 실수할 수도 있는 거고, 남의 집 귀한 딸을 강간해놓고도 판사에게 탄원서를 내서 한다는 소리가 "젊은 혈기에 실수한 건데 앞날이 구만리 같은 청년을 용서해주세요"라니.

부모는 앞날이 구만리 같기는커녕 앞으로 사고칠 게 구만리 같은 싹수없는 놈을 살려본다고 빚내고 집 팔아 합의를 보기 위해 쫓아다닙니다.

판사는 3D 직종이랍니다. 이런 사연들만 보면서 살다보면 인간에 대한 절망과 냉소에 빠지게 돼요. 그래도 인간에 대한 신뢰와 나약함에 대한 따뜻한 시선을 잃지 않아야겠죠. 그래서 답을 찾을 능력도 없는 주제에 구원은 없을까 고민하게 되곤 합니다.

# 신은 말했다,
## 인간은 빵만으로
## 생존할 수 없다고

—

욕을 먹더라도 단순무식하게 한번 말해보겠습니다.

인간 사회가 물질적으로 평등해질 수 있다는 것은 망상이다. 모두가 부자가 될 수는 없다. 빈부격차가 심화되는 것에 대한 경계와 대책은 필요하지만 빈부격차 자체를 소멸시킬 수는 없다. 모두가 어느 정도 이상 잘살게 되는 것만을 사회의 목표로 삼게 되면 그 힘든 목표가 도달될 때까지는 대부분의 사람이 불행하다. 빈부격차의 존재에도 불구하고 각자가 자신의 현재 상태에서 지금 당장보다 행복할 수 있어야 한다. 그러려면 아귀의 허기처럼 충족될 수 없는 물질적 욕구가 아니라 누구에게나 평등하게 주어진 다른 행복의 가치를 일깨워야 한다.

　　법원 지원으로 하버드 로스쿨에서 연수를 받을 기회가 있었습니다. 석사과정LLM 학우 중에는 부탄 왕국의 공주님이 있더군요. 이야기를 나누어보니 공주의 나라는 참 재미있는 나라였습니다.

　　일인당 국민소득은 4천 달러에도 미치지 못하는데, 교육과 의료를 국가가 보장하고 있고, 국민총행복Gross National Happiness이 세계에서 가장 높은 나라 중의 하나랍니다. 옥스퍼드에서 공부한 계몽군주인 그녀의 부왕은 국정 기본 철학을 국민소득이 아닌 국민총행복 극대화로 여기고 있고, 국가경영 전략은 의도적인 저속 성장과 개발 지연이라는 겁니다.

　　이 나라는 소박하나마 전통적인 가치와 문화 속에 상당히 안정되어 있고 경쟁이 치열하지 않답니다. 그래서 부왕은 행복도가 높은 국민들을 중국식 고도 성장으로 인한 아노미와 빈부 격차로 인한 갈등에 몰아넣고 싶지 않아 한답니다. 또한, 태초 그대로 보존된 국토 대부분의 아름다운 자연을 관광산업과 건설산업의 탐욕 아래 파괴하고 싶지도 않다는 거죠. 성장은 추구하지만 다 같이 서서히 성장하길 원한다고요.

　　놀러갈 테니 왕궁에서 재워주겠냐고 농담 삼아 물어보니 선뜻 오케이하면서도 덧붙이기를, 자기네 왕궁은 검소한 목조 주택에 불과하다나. 공주님의 시각이 아닌 그 나라 국민들이 보는 실상은 어떤지, 앞으로도 그 나라가 같은 전략으로 계속 행복할 수 있을지는 알 수 없었지만 그래도 분명히 배울 점이 있다고 느꼈습니다.

빈부격차에도 불구하고 어떻게 모두가 좀더 행복해질 수 있냐고요? 한계효용체감의 법칙이 세상을 구원합니다.

물질적 소비로 얻는 효용은 양에 비례하지 않습니다. 돈이 많다고 로마 귀족처럼 산해진미를 매일 먹고 토하고 다시 먹어대는 것이, 아이가 생일날 부모 손을 잡고 중국집에 가서 먹는 짜장면보다 수천 배의 만족감을 주지는 못합니다. 억대 오디오로 듣는 라흐마니노프가 싸구려 카세트로 듣는 라흐마니노프보다 수천 배 감동을 주지도 않습니다. 온갖 좋다는 세계 여행지를 다 섭렵한 사람이 느끼는 여행의 감동이 기차를 타고 정동진에 처음 가서 느끼는 감동을 능가할 리도 없습니다.

백배 더 많은 재화를 소비하거나, 백배 더 비싼 재화를 소비한다고 인간의 뇌가 지각할 수 있는 쾌락이 백배 늘어날 도리는 없지요. 아쉬울 것 없어 보이는 부유층이 마약사건을 일으켜 법정에 서는 경우를 볼 때마다 발견하게 되는 것은 '권태'입니다. 이것저것 다 해보니 좋은 차를 타든 맛있는 것을 먹든 여행을 가든 시큰둥하고, 조금이라도 더 큰 자극을 찾다보니 마약으로 뇌를 속일 수밖에요.

뭘 해도 감동도 설렘도 없는 삶이란 겉만 번지르르한 지옥이라는 것을 목격할 수 있다는 것도 법정이 주는 배움의 하나입니다. 법정 스님 도움이 필요 없지요.

부의 분배는 불평등해도 행복은 평등할 수도 있습니다. 최소한의 기본 전제만 충족시켜준다면 말이죠. 중국집 짜장면이라도 사랑하는 이들과 함께 외식하러 갈 수 있어야 하고, 싸구려 카세트로라도 아름다운 음악을 느낄 줄 아는 감성을 교육받아야 하고, 기차 삼등석을 타고라도 여행을 떠날 수 있는 여가가 주어져야 합니다.

「파산이 뭐길래」에 나오는 '젬마의 집' 원장님은 운영이 어려운 여건에서도 열심히 문화단체에 편지를 쓰고 후원자들에게 부탁하여 아이들에게 한 번씩 뮤지컬과 오페라를 보여주고 스키장도 보내주려고 애쓰시더군요. 아이들에게 악기를 배우게 해서 어설프지만 합주도 시킵니다.

얼핏 생각하면 어떻게든 취업 공부를 열심히 시켜 혼자 힘으로 먹고 살 수 있게 해야 하는데 사치를 부리는 것 아닌가 싶었지만, 원장님의 생각은 달랐습니다. 삶에서 다양한 기쁨을 찾을 수 있는 능력과 경험을 바로 지금, 감수성이 예민한 시절에 주는 것이 직업 교육 못지않게 중요하다는 것이죠. 아이들의 작은 합주단은 양로원, 병원을 찾아 노인과 환자들에게 작은 위안을 줍니다. 동시에 도움을 받기만 하는 대상이 아닌 남을 돕는 주체로서의 기쁨과 자존감을 느끼게 합니다. 인간은 빵만으로 행복해질 수 없기 때문입니다.

사회는 소수만이 승자가 될 수 있는 경쟁이 아닌 모두가 누릴 수 있는 다양한 행복의 가치를 존중해야 합니다. 먼 훗날 남들이 부러워하는 부자가 되어 좋은 집에 살고, 좋은 차를 타며 행복하겠다는 희망이 아니라 지금 내가 선 바로 이 자리에서 소박하나마 가족, 이웃과 함께 누리는 소소한 행복이 누구에게도 폄하되지 않고 존중되는 그런 사회가 되기를 바랍니다.

글의 마지막에 덧붙이고 싶은 것이 있습니다. 멕시코 빈민가 사람들의 삶과 애환을 그린 영화 〈산체스의 아이들〉 주제곡의 가사입니다. 너무나 아름다운 척 맨지오니Chuck Mangione의 플루겔 혼 연주가 가득한 영화이지만, 그보다 아름다웠던 것이 인간이 행복하려면 무엇이 필요한가를 이야기해주는 주제곡의 가사였기에 서툴게나마 번역하여 소개합니다.

희망과 긍지의 꿈이 없다면 인간은 죽고 말리라.
그의 육체는 움직일지라도 그의 마음은 무덤 속에서 잠자고 있으리라.
땅이 없이는 인간은 꿈꿀 수 없으리라. 자유로울 수 없기에.

모든 인간에겐 존엄하게 살아갈 수 있는 공간이 필요하다.

굶주린 병사들에게서 빵부스러기를 빼앗으라.

그들은 죽지 않을 것이다.

신은 말했다. 인간은 빵만으로는 생존할 수 없다고.

굶주린 아이들에게서 음식을 빼앗으라.

아이들은 울지 않을 것이다.

음식만으로는 아이들 눈동자 속 굶주림을 달랠 수 없을지니.

# 짓밟힌 것은
## 몸이 아닌 마음
—

2001년, 하리수 씨가 화장품 모델로 데뷔했을 때 우리 사회는 마치 신인류를 발견한 듯이 놀라워했습니다. 하지만 트랜스젠더를 비롯한 성소수자들은 우리나라는 물론 어느 나라, 어느 시대에나 사회의 음지에서 힘겹게 살고 있었습니다. 그들은 새로 발견된 것이 아니라 언제나 존재했지만 외면당해왔을 뿐입니다. 그러다가 하리수 씨의 아름다움이 단 한순간에 사회의 시선을 끈 것입니다.

저 역시 마찬가지였습니다. 방콕 여행에서 트랜스젠더 쇼를 보고 신기해할 뿐, 그들이 이웃의 한 명이라는 생각은 하지 못했습니다. 그들은 철저히 이 사회의 타자였던 것이죠. 하리수 씨의 활발한 활동과 잇따른 기사들을 보며 비로소 저도 그들에 대한 관심을 갖기 시작했습니다.

그런데 바로 당시로부터 5년 전인 1996년에 선고된 한 대법원 판결을 알게 되었습니다. 남성에서 여성으로 성전환수술을 받은 트랜스젠더가 윤간을 당한 사건이었습니다. 그녀가 법적으로는 여성이 아니므로 강간죄의 객체가 될 수 없다는 이유로, 강간죄에는 무죄를 선고하고 남녀 모두를 대상으로 성립 가능한 강제추행죄만을 인정한 판결입니다. 목숨을 걸고 수술을 받을 정도로 여성이 되고 싶었던 사람인데 여성이 아니라서 강간죄의 대상조차 못 된다니 너무한 것 아닌가 하는 생각에 판결 내용을 상세히 읽어보았습니다.

피해자는 남자로 태어나 남자 중학교까지 졸업했습니다. 그러나 어릴 때부터 여자 옷을 즐겨 입고 고무줄놀이를 즐겨 하며 여성으로서의 생활을 동경하고 여성으로서의 성에 귀속감을 느껴왔습니다. 결국 수년간의 여장남자 생활 끝에 일본의 한 병원에서 성전환수술을 받았습니다. 호르몬주사로 유방도 발달하여 외관상으로는 여성적인 신체구조를 갖추게 되었지만, 생활고에 시달려 남성들을 상대로 한 성매매로 생계를 영위하고 있었습니다. 그러던 어느 날 밤 남성 3명이 피해자를 승용차로 납치하여 으슥한 골목길로 끌고 가서 피해자를 마구 때리고 겁을 준 후 차례로 피해자를 강간한 것입니다.

이 사건의 재판에서 1, 2심은 물론 대법원도 강간죄에 대해서는 무죄를 선고하고 강제추행죄만 인정했습니다. 이유는 당시 형법상 강간죄는 '폭행 또는 협박으로 부녀를 강간한 자'라고 하여 객체를 여성에 한정하고 있었는데, 피해자는 여성이 아니라는 것입니다.

앞의 대법원 판결은 여성에 해당하는지 여부에 관한 기준으로, 성염색체를 기본 요소로 하여 내부 생식기, 외부 성기 및 신체의 외관, 심리적, 정신적인 성, 사회생활에서 수행하는 성 역할 그리고 일반인의 평가나 태도 등 모든 요소를 종합적으로 고려합니다. 그리하여 사회 통념에 따라 결정해야 할 것이라고 판결하여 무조건 염색체만을 기준으로 삼지 않는 종합적이고 진일보한 기준을 일단 제시합니다.

하지만 기준의 실제 적용에 있어서는 여전히 보수적인 태도였습니다. 사건 피해자에 대해 외관상 여성의 신체구조를 갖추었고 성격도 여성화되었으며 여성으로서의 생활을 영위하고 있었다는 점을 모두 인정하면서도, 여성의 성염색체를 갖추고 있지 않음은 물론 여성의 내부 성기인 난소와 자궁이 없기 때문에 임신과 출산이 불가능한 상태라는 점 등을 들어 사회 통념상 여성으로 볼 수 없다고 판단한 것입니다.

또한 전국 각지 법원에 성전환수술을 받은 이들의 성별 변경을 위한 호적정정신청이 접수되고 있었지만 마찬가지 이유로 모두 기각되고 있었습니다.

저는 의문을 갖고 자료를 찾아보았고 프랑스, 독일, 미국 등 여러 나라에서 트랜스젠더의 성별 변경을 법적으로 허용하고 있다는 것과 우리 학계에도 이를 주장하는 연구자들이 있음을 알게 되었습니다.

마침 그해(2001년) 가을, 법원 내부 판례연구회에서 발표할 기회가 있었던 저는 이 문제를 검토한 논문을 발표했습니다. 그후, 법관들 사이에서 토론의 계기가 되기를 바라며 법원게시판에, 다음해에는 변협 발간 학술지 『인권과 정의』에도 기고했습니다. 법원에서는 최초로 트랜스젠더의 성별 변경을 허용하자는 주장을 한 셈입니다. 당시 제가 발표한 논문 중에서 결론 부분만 추려서 소개합니다.

대법원 판결에 반대하는 이유

(…) 앞에서 본 바와 같이 각국의 입법, 판례들이 성별의 변경 가능성을 인정하고 있는 추세임에 비추어볼 때, 성이 불가변적이라는 것은 선험적으로 주어지는 명제는 아니다. 위 대법원 판결도 법률상 성별은 사회 통념에 따라 결정된다고 규정하고 있는데 사회 통념이란 불변의 개념이 아니라 국가, 사

회, 시대에 따라 다를 수 있고 변화하여가는 개념이므로, 결국 사회 통념에 따라 성별이 결정된다는 것은 성의 가변성을 인정하는 것이다. 위 판결이 제시하고 있는 성의 구별에 대한 일반론과 이를 실제 사안에 적용한 결론은 자기모순적이다.

위 판결은 '수술 후에도 여성으로서의 생식 능력은 없는 점'을 근거로 들고 있으나 강간죄의 대상이 여성으로 한정된다 하여 생식 능력이 있는 여성일 것까지 요건으로 하는 것은 아니다. 난소 제거 수술을 받은 여성, 불임인 여성이라고 하여 강간죄의 객체에서 배제되는가?

강간죄의 보호법익은 성적 자기결정권인데, 피해자가 당한 성적 자기결정권 침해를 일반 여성에 대한 강간죄와 달리 취급해야 할 이유가 없다. 본 건 피해자가 일반 여성과 다른 점은 성염색체, 난소의 부재 그리고 성전환수술 전인 과거의 육체인데 거칠게 표현하자면, 본 건 피해자가 피고인들에게 강간당한 것은 XX염색체도 아니고, 난소도 아니고, 과거의 육체도 아닌 현재의 육신이며, 그로 인하여 황폐화되는 것은 자신을 여성으로 인식하고 있는 피해자의 정신과 마음인 것이다.

성의 변경을 부정하는 입장으로는 다음과 같은 주장을 상정해볼 수 있다.

성전환을 인정하면 사회윤리도덕에 혼란과 해악을 초래한다는 입장이 있을 수 있다. 그러나 육체적으로도 남녀의 성기를 모두 갖추고 출생한 경우, 그에게 적합한 성을 의학적으로 결정하여 이에 부합하는 시술을 행하고 사회에서도 그렇게 하여 결정된 성을 인정하여준다. 그런데 심리적·정신적 성과 육체적 성이 부조화를 이루고 있는 성전환자의 경우, 이를 일치시키는 것이 왜 사회윤리도덕에 해악을 미치는 것인지 알 수 없다. 성전환자는 어느 사회에서도 극히 소수에 불과하며, 이들의 성전환을 인정한다고 하여 사회에 성전환 풍조가 만연할 것이라고 우려하는 것은 난센스라고 하지 않을 수 없다.

성전환을 인정하면 성전환자를 둘러싼 법률관계에 혼란을 초래하여 공공복리를 저해한다는 입장이 있을 수 있다. 물론 성전환을 인정함으로 인하여 발생하는 혼란과 부작용도 있을 것이다. 그러나 성전환자들이 사회에 현실적으로 존재하고 있는 이상, 이들의 법적 성별 변경을 인정하지 아니함으로써 발생하는 혼란 역시 현실적으로 존재하고 있다.

염색체나 내부 생식기는 전문가가 분석해보아야 알 수 있는 요소들이므로 일반인들이 이들과 사회생활상 접하면서 인식하는 이들의 성은 이들의 외부로 드러나는 이미 전환된 성이다. 그런데 이들을 교육기관에서 남녀 어느 쪽에 편성할 것인지, 일반 남성과 함께 군복무나 교도소 수감 생활을 시키는 것이 적절한지 등등 이들의 사회생활 전반에서 끊임없이 사회가 인식하는 이들의 성과 이들의 유전적 성의 충돌로 야기

되는 혼란이 반복될 수밖에 없는 것이다.

결론적으로 이미 의학의 영역에서 성전환수술을 성전환자에 대한 적절한 치료로 긍정하고 있는 이상, 법의 영역에서도 사회 일반이 성전환자의 성을 전환된 성으로 인식할 만큼 성공적으로 성전환이 이루어진 경우에는 법률상 성의 변경을 인정하여주는 것이 헌법상의 요청인 소수자 보호의 원리와 인도주의에 부합할 뿐 아니라 공공복리에도 오히려 부합하는 것이라고 본다.

논문을 마무리하며 우리 선조들의 성소수자에 대한 당혹감을 보여주는 사건이 있어 소개한다.

〔세조실록〕풍속을 문란하게 한 종 사방지沙方知의 죄를 핵실하고 외방의 노비로 소속시키다.

안맹담의 종 사방지라는 자는 턱수염이 없어 모양이 여자와 같은 데다가 재봉을 잘하여 여자 옷을 입고 벼슬한 선비의 집안에 드나들었는데, 선비 김구석의 아내 이씨와 사통하여 사헌부에서 듣고 국문을 하였다.

임금이 서거정에게 이르기를 "경도 또한 아는가?" 하니 서거정이 대답하기를 "옛말에 이르기를 '하늘에 달려 있는 도리는 음과 양이라 하고 사람에게 달려 있는 도리는 남자와 여자라고 한다' 합니다. 이 사람은 남자도 아니고 여자도 아니니,

죽여서 용서할 게 없습니다"하니 임금이 좌승지左承旨 윤필상에게 이르기를 "이 사람은 인류人類가 아니다. 마땅히 모든 원예遠裔와 떨어지고 나라 안에서 함께할 수가 없으니 외방外方 고을의 노비로 영구히 소속시키는 것이 옳다"하였다.

오늘, 우리 사회는 성소수자들을 더불어 살 인간으로 대우할 것인가. 아니면 그들을 남자도 여자도 아닌 익명의 성性에 종신토록 유배할 것인가.

### 변화의 시작

2001년 9월 이 논문을 처음 발표하던 세미나 자리에서 법관들의 의견은 찬성 반대가 거의 반반으로 팽팽했지만 법원게시판에 논문을 올린 이후 많은 분들이 공감을 표시해주셨습니다.

2002년에는 '성별의 변경에 관한 특례법안' 입법공청회가 의료계, 법조계, 종교계 등 각계 인사를 초청해 국회에서 개최되었는데 저도 발표자로 초청되었습니다.

판사이기는 하지만 삼십대 초반의 젊은이에 불과했고 법원을 대표하는 입장도 아닌 저로서는 대한변협, 한국기독교총연합회 등을 대표하여 참석한 원로들과 첨예한 이슈에 대해 토론하는 것이 부담스럽기도 했습니다. 의학계와 민변에서는 성전환자의 성별 변경을 허용해야 한다는 입장이었지만 대한변협은 법적 안정성을 고려해야 한다면서 유보적인 입장이었지요. 강경하게 반대하는 입장은 기독교계였습니다.

특히 한 원로 목사님의 "소수의 의견이 다수의 의견에 힘을 못 쓰는 것은 세계적 현상 아닌가?" "최종적 결정은 절대 다수의 의견을 따라야 한다" 등의 주옥같은 말씀을 듣다가 그만 젊은 혈기에 언쟁에 가까운 논쟁을 벌였던 기억이 생생합니다.

목사님: 사회 대다수 구성원의 관념을 존중해야 합니다. 윤리의식, 법적 안정성이 중요한 것 아닙니까?

필자: 다수자에게는 그저 추상적인 관념의 차원에서 느끼는 불편함의 문제지만 소수자에게는 구체적이고 절실한 생존 자체의 문제인 겁니다.

목사님: 남녀 구별은 하나님이 정하십니다. 하나님이 정하신 것을 어떻게 판사가 바꾼단 말입니까?

필자: 성전환자도 자기가 좋아서 그렇게 된 것이 아니라 그렇게 태어난 것입니다. 남성의 육체에 여성의 마음을 가지고 태어난 것도 하나님이 정하신 것 아닌가요?

공청회는 큰 입장 차이만 확인하며 끝났고 이후 국회에서는 별다른 진척이 없는 듯했습니다.

## 너무 늦지 않게 찾아온 변화

우리의 법원은 평소 보수적인 것처럼 보이지만 한 번 움직이면 성큼 큰 걸음을 내딛기도 합니다. 선구자는 호적정정허가 사건을 담당하는 부산지방법원 가정지원장 고종주 부장판사였습니다.

그는 이 문제에 관해 방대하고 심도 깊은 연구를 마친 후 훌륭한 논문도 발표하고, 2002년 7월 우리나라 최초로 성전환자의 성별을 변경하는 호적정정을 허가했습니다. 이후 전국 곳곳의 법원에서 같은 취지의 결정이 잇따랐고 결국 2006년에 대법원 2006. 6. 22.자 2004스42 전원합의체 결정으로 성전환자에 대한 호적정정을 허용하는 역사적인 대법원 결정이 이루어졌습니다.

그리고 2009년에 이르러 또다시 고종주 부장판사에 의해 남성에서 여성으로 성을 전환한 성전환자에 대한 강간죄를 유죄로 인정하는 판결이 최초로 선고되었고, 이 판결이 대법원에서 확정됨으로써 이 문제에 관한 매듭이 지어졌습니다. 2012년에는 강간죄의 대상이 '부녀'에서 '사람'으로 개정되기도 했습니다. 2001년 당시에는 먼 훗날에나 이루어지지 않을까 생각했던 변화가 생각보다 빨리 이루어진 것입니다. 그 변화의 물결 한구석에 참여하고 있었다는 기억만으로도 가슴이 뿌듯해지곤 합니다.

# 어떤 강간사건
## 판결문

—


       제가 선고한 것은 아니지만 읽고 깊은 감명을 받아 언젠가 기회가 되면 꼭 소개하고 싶은 판결문이 하나 있습니다. 서울북부지법 2004. 10. 22. 선고 2004고합228호 사건(재판장 박철 부장판사) 판결문입니다.


       검찰이 기소한 사건 내용은 이렇습니다. 피고인은 처남과 동거하며 사실혼 관계에 있던 피해자(22세)에게 연정을 느끼던 중, 처남과 심하게 다툰 피해자가 도움을 청하자 방을 구해줄 테니 집을 나오라고 말합니다.
       이에 피해자가 집을 나오자 우선 여관방을 잡은 후, 방을 구하는 문제를 상의하는 척하다가 갑자기 달려들어 몸을 짓누르고 때릴 듯이 겁을 주며 강간합니다. 이후 피해자에게 거처할 방을 구해준 피고인은 일주일 사이에 세 번이나 같은 방식으로 강간했습니다.

변호인 측은 합의하에 성관계를 맺은 것이라고 주장했습니다. 피해자가 주장하는 1차 강간 이후 피해자는 피고인이 구해준 거처에 입주했고, 2, 3차 강간 후 피고인과 함께 식사를 하고 비디오를 빌리러 가거나 게임방에 가서 게임을 하는 등 피고인의 호의를 받아들이고 친밀하게 지냈다는 점, 강간이 이루어졌다는 여관방과 거처의 벽이 얇아 큰 소리로 구조를 요청하면 구조받을 수 있었음에도 그렇게 하지 않았다는 점 등을 근거로 내세웠습니다.

이에 대해 피해자는 90킬로그램의 거구인 피고인의 완력과 협박에 강하게 저항하기 힘들었다고 답변했습니다. 1차 강간 후 피고인이 구해준 거처에 들어간 이유는 갈 곳도, 수중에 돈 한푼 없는 처지에 피고인이 순간의 욕정을 참지 못해 벌인 실수였으니 한 번만 용서해달라고 하자 내키지는 않았지만 한 번 더 피고인을 믿기로 했었다고 말합니다.

피고인이 한동안은 잘 대해주다가 다시 또 세 차례 강간을 하게 되는데, 처음에는 피해자가 저항을 했지만 이미 사춘기 시절 심하게 맞고 강간당했던 고통스러운 기억이 있어 더 반항했다가 피고인이 때리면 어떻게 하나라는 두려움에 자포자기 상태로 그 이상의 저항을 하지 못했다고 진술합니다. 비디오를 빌리러 가거나 게임방에 간 것도 방안에 있으면 피고인이 또 강간을 시도할까봐 밖으로 나가자고 시도했던 것이라고 하고요.

문제는 대법원 판례에 따라 강간죄가 성립하려면 '가해자의 폭행, 협박은 피해자의 항거를 불가능하게 하거나 현저히 곤란하게 할 정도의 것'이어야 한다는 점입니다. 변호인 측의 주장은 합의하에 성관계를 한 것이고 설령 피해자 내심으로는 성관계를 맺기 싫었다 하더라도 피고인이 흉기를 휘두르거나 피해자를 때리는 등 명확한 폭행이나 협박을 하지도 않았고, 피해자 역시 눈에 띄는 저항을 하지 않은 점에 비추어볼 때 강간죄가 성립한다고 보기 어렵다는 것이지요.

긴 판결문 중 이 쟁점에 대한 재판부의 핵심 판단 부분을 제나름대로 발췌해봅니다.

(…) 무릇 사람들의 반응이 동일한 상황하에서도 동일하지 않다는 것을 우리 모두는 알고 있다. 어떤 사람들은 다른 사람과 눈이 마주쳤다는 이유만으로 사람을 칼로 찌르는 반면 어떤 사람들은 이유 없이 뺨을 맞고도 참을 줄 안다. 무섭게

노려보는 것만으로 겁을 먹고 몸이 얼어붙는 사람들이 있는 반면에 어떤 사람들은 칼을 든 상대방에게 용감히 저항하기도 한다. 강간으로 인한 마음의 상처를 평생 안고 어렵게 살아가거나 심지어 자살을 시도하는 사람도 있지만 어떤 사람은 모멸적 기억을 극복하고 자신의 삶을 훌륭하게 이어가기도 한다.

범죄에 직면한 피해자가 보이는 반응과 피해를 입은 후 피해자가 보이는 반응의 다양성을 보편적 지식의 틀 안에서 참작할 때 특정 사건에서 피해자 반응에 특이성이 있다고 하더라도 가해자와 피해자의 나이, 성별, 성격, 문화적 배경과 개인적 경험은 물론 범행 당시와 범행 이후의 여러 정황을 모두 고려하여 이러한 반응의 특이성을 어떻게 설명하고 이해할 수 있는지 살펴보아야 하는 것이지, 피해자 반응의 특이성의 형식적 측면만을 들어서 피해자 진술의 신빙성을 가볍게 배척한다면 이는 복잡하고도 다양한 인간 심리와 인간성에 대한 이해와 상상력의 부족 때문이라는 비난을 면하기 어려울 것이다.

다산 정약용은 그의 저서 『흠흠신서欽欽新書』 서문에서 "사람이 하늘의 권한을 대신 쥐고서 삼가고 두려워할 줄 몰라 털끝만한 일도 세밀히 분별해서 처리하지 않고서 소홀하게 하고 흐릿하게 하여, 살려야 되는 사람을 죽이기도 하고, 또는 죽여야 할 사람을 살리기도 한다. (…) 흠흠欽欽이라 함은 무엇인가? 삼가고 또 삼가는 것은 본디 형벌을 다스리는 근본인 것이다"라고 하였다.

　피고인의 진술을 경청하고, 엄격한 증명에 의하여 공소사실에 대한 입증 여부를 판단하며 검사가 제시한 증명에 합리적 의심을 배제할 수 없다면 마땅히 무죄추정을 받는 피고인의 이익으로 판단하여야 하는 것이 너무나 당연한 법관의 의무겠지만, 만에 하나 피해자 반응의 특이성이 여러 사정과 정황에 비추어 합리적으로 설명되고 이해될 수 있는지를 주도면밀하게 따져보지 않은 채 피해자 반응에 특이성이 보인다고 하여 곧바로 피해자 진술을 믿기 어렵다고 판단하고 "백 명의 죄인을 석방하는 한이 있더라도 한 명의 억울한 죄인을 만들지 않아야 한다"라는 법언에서 쉽게 도피처를 찾는다면 어찌 형벌을 다루는 법관의 도리를 다하였다고 말할 수 있겠는가? 어찌 흠흠欽欽하기를 다하였다고 말할 수 있겠는가?

　강간사건에서 강한 폭행, 협박이 밖으로 드러나지 않은 경우에는 강간죄를 구성하지 않는다고 보는 견해도 있을 수 있지만, 이러한 견해는 외부로 표출된 가해 남성의 범죄적 악성에만 초점을 맞춤으로써 피해 여성의 내면적 심리와 공포를 도외시한 견해이며, 통상적인 강도죄와 강간죄의 장소적, 정황적 차이를 간과한 견해이고, 남성과 여성의 신체적, 정서적 차이를 이해하지 못한 견해이며, 어쩌면 정조의 가치를 목숨처럼 중하게 여겨서 여성들이 목숨을 걸고 정조를 지키던 봉

건적 시대의 잔상이나 남성 중심의 사고체계를 떨쳐버리지 못하였기 때문에 갖는 견해일 수도 있다.

연구결과에 의하면 남성들로서는 이해하기 어려운 일이지만 실제로 많은 여성들이 혼자서 승강기를 탈 때에도 불안감을 느끼고, 밤늦게 택시를 탈 때에도 불안감을 느낀다고 한다.

이런 여성들이 약한 정도의 폭행, 협박에 대해서도 쉽게 공포심을 느끼고, 공포심에 몸이 얼어붙고, 목이 막혀 소리치지 못하고, 결국 저항을 포기하고, 적극적인 저항이 없기 때문에 더 강한 폭행, 협박이 실제로 표출되지 않았다고 하더라도 어찌 폭행, 협박이 있었지만 '피해자의 항거를 불가능하게 하거나 현저히 곤란하게 할 정도의 폭행, 협박'에 이르지 않았다고 말할 수 있으며, 강간죄가 성립하지 않으므로 무죄라고 말할 수 있겠는가?

누군가 강력한 폭행, 협박을 행사하지만 않으면 여성의 명백한 거부 의사에도 불구하고 완력으로 여성의 옷을 벗기고 강제로 성관계를 가지더라도 죄가 되지 않는다고 말한다면 이 법원은 그러한 생각은 틀렸다고 분명하게 말해주고 싶다.

결론적으로 말하자면 강간죄를 구성하는 '피해자의 항거를 불가능하게 하거나 현저히 곤란하게 할 정도의 폭행, 협박'이 있었는가를 판단함에 있어서 현실적으로 표출된 가해자의 폭행, 협박의 내용과 정도만을 기준으로 판단할 것이 아니라 당시 정황에서 피해자가 가해자의 폭행, 협박에 대하여 저항할 경우 더 강한 폭행이 초래될 것으로 예상하였고, 당시 정황에 비추어 피해자의 예상에 상당한 이유가 있었는가를 기준으로 판단하여야 하며, 실제 사건에서 피해자가 가해자의 폭행, 협박에 대하여 적극적인 저항이 더 강한 폭행을 초래할 뿐 강간의 피해를 막을 수는 없겠다고 판단하여 적극적인 저항을 포기하였고 그 판단에 상당한 이유가 있다면 강한 폭행, 협박이 실제로는 표출되지 않았다고 하더라도 강간죄를 구성하는 '피해자의 항거를 불가능하게 하거나 현저히 곤란하게 할 정도의 폭행, 협박'에 해당한다는 것이 이 법원의 견해이다.

이 판결은 이러한 기준을 토대로 피고인의 4회에 걸친 행위를 모두 강간죄로 인정했습니다. 그러나 항소심에서는 증거가 보다 명백했던 1차 강간은 유죄로 인정하되, 그후의 성관계에 대해서는 강간에 해당한다고 합리적 의심이 없을 정도로 증명되었다고 보기는 어렵다는 이유로 무죄를 선고하여 확정했습니다.

항소심 판결에서 일부 무죄를 선고한 것은 다른 이유 때문이 아니라 피해자의 2, 3, 4차 강간에 관한 진술에 여러 모순점이 존재하여 무죄추정의 원칙상 증거가 부족하다고 볼 수밖에 없다는 것이었습니다.

이 판결문을 소개하는 이유는 내용도 내용이지만 문체나 형식이 천편일률적인 딱딱한 기존 판결문 형식을 탈피해 재판부의 깊은 성찰과 문제의식을 진솔하게 드러내고 있기 때문입니다.

암호 같은 법률용어와 형식적 문구의 방패 뒤에 숨어 정말 중요한 질문에 대한 대답은 해주지 않는 안전한 판결문보다 비록 비판을 받을지라도 재판부의 고민과 결론을 솔직히 드러내는 판결문이 필요한 것이 아닐까 합니다.

판결문 중 "누군가 강력한 폭행, 협박을 행사하지만 않으면 여성의 명백한 거부 의사에도 불구하고 완력으로 여성의 옷을 벗기고 강제로 성관계를 가지더라도 죄가 되지 않는다고 말한다면 이 법원은 그러한 생각은 틀렸다고 분명하게 말해주고 싶다" 부분은 영화 〈연애의 목적〉에 나오는 이유림(박해일)에게 해주고 싶은 말입니다. 이 영화에 나오는 이유림의 행위는 명백한 강간 및 직장 내 성폭력이니까요.

아직도 이런 소리를 하는 남성들이 있습니다. '여자들은 다 입으로는 싫다고 말하는 내숭덩어리니까 남자가 좀 터프하게 밀어붙일 수밖에 없다' '남자의 성욕은 본능이니 어쩔 수 없다'.

저 역시 분명하게 말해주고 싶습니다. 입으로 싫다고 말하면 싫은 겁니다. 인간 사회에 살고 싶으면 본능을 억제하는 방법을 배우십시오.

# 영업 방해 판사,
# 호통 판사, 구호 복창
# 판사

—

설마하니 요즘 세상에 남의 영업을 방해하는 막가파 판사가 어디 있느냐고요? 소개해드리죠. 영업 방해 판사는 멀리도 아닌 바로 제 옆옆방에 있습니다. 삼십대 중반의 단독판사인 이 친구, 마른 체구에 뿔테 안경, 착한 교회 오빠 같은 인상이죠. 남의 영업을 방해하게는 도저히 보이지 않습니다.

계기는 이렇습니다. 인천지방법원으로 오기 전에는 춘천에서 소년재판(청소년 범죄에 대하여 보호자에게 돌려보내 잘 지도하도록 하는 경미한 처분부터 소년원에 보내는 중한 처분까지의 다양한 보호처분을 결정하는 재판)을 담당했던 그는 인천에서도 본인이 관심과 애정을 갖고 있던 소년재판을 계속 담당하게 됩니다. 그런데 특이하게도 인천에는 본드 흡입 사건의 비율이 매우 높다는 것을 발견하고 의아하게 생각했지요.

본드는 가출한 아이들이나 어려운 환경에서 부모의 보호를 제대로 받기 어려운 아이들이 빠져들기 쉬운 가장 값싼 마약인 셈이죠. 공업용 본드를 비닐봉지에 짜놓은 후 봉지 입구에 코를 들이대고 숨을 깊이 들이마시는 방법으로 흡입하는데, 폐가나 건설 현장 구석, 공터 등에서 본드를 흡입하고 환각에 빠져 초점 없는 눈동자로 바닥에 늘어져 있는 아이들의 모습은 충격적입니다. 점점 정상적인 생활을 불가능하게 하고, 더 큰 범죄로 나가게 만드는 관문인 격입니다.

공업용 본드에는 환각 성분인 톨루엔이 들어 있습니다. 전에도 사회 문제가 된 적이 있어서 톨루엔 대신 다른 물질로 대체한 업체가 많은데, 아직 재료비가 저렴하다는 이유로 톨루엔을 사용하는 업체가 남아 있답니다.

그는 본드 흡입 문제에 대해 조사한 결과, 청소년들이 톨루엔이 함유된 특정 업체의 공업용 본드를 철물점이나 인터넷에서 싸게 구입하고 있다는 것을 알게 됩니다. 그러면서 반복적으로 소년법정을 찾는 본드 흡입 청소년들을 보며, 보다 근원적인 해결책이 필요하다고 고민하게 됩니다. 그는 동료 소년부 판사들,

보호관찰소 등 유관 기관 사람들과 상의한 끝에 인천 지역 철물점 수백 곳에 심각한 청소년 본드 흡입 현황과 문제점을 알리는 공문을 보내 판매를 자제해줄 것을 호소합니다. 사실 법원에서 재판 당사자 아닌 일반 사업체에 공문을 보내는 것 자체가 보기 힘든 일이죠.

그런데 그의 오지랖은 여기서 멈추지 않습니다. 아예 충청북도에 있는 문제의 본드 제조업체 공장까지 유관 기관 사람들과 함께 찾아갑니다. 업체 사장과 공장장이 얼마나 황당했을까요. 멀리 인천에서 웬 젊은 판사가 찾아와서 톨루엔 함유 본드를 만들지 말아달라고 떼를 쓰니 말이죠.

부드러운 인상과 달리 고집 센 이 친구는, 자기들도 영세 업체이고 딸린 식구들이 많은데 공장 망하면 책임지실 거냐고 항변하는 공장 측을 설득하고 설득하여 결국 업체로부터 최소한 인천 지역에는 더이상 본드를 납품하지 않겠다는 약속을 받아내고 맙니다. 제대로 영업 방해죠.

그것도 모자라서 그는 거리에까지 나섭니다. 동료 판사들, 유관 기관 사람들과 함께 역 앞에 가서 본드 흡입의 심각성을 알리는 전단지를 나눠주고 철물점들을 방문해 청소년에게 본드를 팔지 말아달라고 또 집단 영업 방해를 시작한 것이죠. 참 대단하죠?

이런 돈키호테 같은 노력이 헛되지는 않았던 것 같습니다.

인천지방법원에 접수되는 청소년 본드 흡입 사건이 2011년에는 한 달 최고 57건까지 이르렀는데, 2013년 하반기에는 넉 달 사이에 4건 접수에 그칠 정도로 감소했다니까요.

### 보이지 않는 걸 봐야지

호통 판사도 있습니다. 호통 판사님은 저보다 연세가 많은 분인데, 경남 지역에 계셔서 직접 호통의 현장을 목격하지는 못했습니다. 대신 현장을 담은 동영상으로 봤죠. 외모는 얌전하게 생긴 분이 갑자기 복식호흡으로 버럭! 호통을 치셔서 식겁했습니다. 솔직히 저조차도 처음에는 거부감을 느꼈어요.

"친구를 이렇게 지긋지긋하게 괴롭힐 때 이렇게 될 걸 몰랐어?"

"전교 9등이나 하는 애가 친구 돈을 빼앗아? 공부만 잘하면 다야?"

법정이 쩌렁쩌렁 울리는 그의 목소리에 일진들도 결국 울음을 터뜨리며 용서를 빕니다.

호통은 담임선생님에게도, 부모님에게도 가차없습니다.

"선생님, 이렇게 부모 있는 애들 말고 부모 없는 아이들 재판받을 때 법정에 한 번이라도 와보신 적 있습니까? 학교가 힘 있는 놈들은 살아남고, 힘없고 부모 없는 애들은 쫓겨나고. 보이는 것만 보시잖아요. 보이지 않는 걸 봐야지!"

"어머님, 자꾸 일진이 아니라고 하시는데 자기들끼리 무리 지으면 일진 아닙니까? 이 아이들은 못 만나게 해야 해요. 그게 바로 일진이에요. 그걸 모르고 계시는데 아이 교육 어떻게 시킬 거예요?"

이분이 소년범 교화를 위해 그동안 얼마나 헌신해오셨는지 알고 나서야 비로소 깨달았습니다. 그만큼 치열한 애정과 관심이 있는 분이기에 자신 있게 야단을 칠 수 있다는 것을요.

사람들은 관심 없는 타인들에게 세련된 친절을 베풀 수는 있어도 적극적으로 개입하지는 않습니다. 본인도 경제적으로 어려운 환경에서 성장했다는 이분은 짧은 시간에 수많은 소년범들을 재판해야 하는 상황에서, 형식적인 선고만 할 것이 아니라 아이와 보호자에게 충격 요법으로 자신을 돌아보게 만들기 위한 일종의 '호통 치료법'을 구사해보기로 한 것이죠. 호통 정도가 아니라 애들을 법정 구석에 무릎 꿇리고 "어머니 죄송합니다. 다시는 안 그러겠습니다"를 열 번씩 외치게도 한다네요. 부모도, 담임선생님도 애들을 따끔하게 혼내지 않는 이 시대에 어쩌면 처음 어른에게 제대로 혼나보는 아이들도 있었을 것 같습니다.

이분 역시 법정에만 머물지 않고 더 적극적인 교화의 방법을 고민했습니다. 자원봉사자들을 모으고, 후원자들을 모아서 제대로 가정의 보호를 받기 어려운 소년범들을 위탁받아 소년원보다 자유로운 환경에서 가족처럼 생활하며 생활습관을 고치도록 훈육하는 일종의 대안 가정을 만든 것이죠. 법원이 주도했다는 의미해서 대안 가정을 '사법형 그룹 홈'이라고 부른답니다.

## 새로운 법원의 모습

이런 판사들의 모습은 법대 위에서 엄정하게 판결로만 말하는 전통적인 법관 모습과 많이 다르지요? 소년범 교화에 대한 확신과 의지를 가지고 과감하게 법대 위에만 머무르지 않았기 때문에 가능했던 일이지요.

미국에서도 1990년대 이래 같은 문제의식 아래 새로운 법원의 모습이 대두되어왔습니다. 이는 문제해결법원Problem-Solving Courts이라 불리지요. 1989년 개소된 마이애미 약물법원Miami Drug Court을 시초로 약물중독, 가정폭력, 아동학대, 소년범죄 등의 영역에서 법원이 중립적인 판단자 역할만 수행하던 전통적인 역할을 넘어, 문제의 근원을 해결하기 위해 치료, 상담 프로그램의 제공과 지속적인 사후 감독 등 적극적, 후견적인 역할을 수행하는 특수한 법원이 늘어나고 있습니다.

우리 사법부도 가정법원을 중심으로 가사, 소년 재판의 영역에서 문제해결법원을 지향하는 새로운 시도를 계속하고 있습니다. 가정법원에는 판사보다 상담위원들이 많을 정도지요.

'문제해결법원'이라, 말 자체부터 멋지지 않습니까? 물론 중립적인 판단자라는 전통적인 법원의 역할 역시 계속해서 중요하겠지만 근본적인 문제 해결을 지향하는 전향적인 자세는 모든 재판 영역에서 새로운 혁신을 낳을 것입니다.

민사재판에서 어느 한쪽이 전부 이기거나 전부 지는 일도양단식 판결보다는, 분쟁 당사자 사이의 충분한 대화 속에서 상호 양보와 대안 제시를 통해 합의로써 분쟁을 조기에 해결하는 조정 절차를 발전시키는 것도 같은 맥락이지요. 미래의 법관은 사회 치료사의 역할도 수행해야 할 것 같습니다.

### 가장 중요한 건 바로 너야

구호 복창을 시키는 판사님도 소개해야겠네요. 무슨 군대 교관 출신 판사님이냐고요? 이분은 너무나 온화한 인상의 여성 판사님입니다. 서울가정법원에서 부장판사로 일하고 계신 분인데요, 언론 보도를 통해 이미 많이 알려진 일화의 주인공입니다.

여러 번 절도와 폭행 사건을 일으켜 소년법정에 선 열여섯 살 소녀에게 단 한 가지, 법정에서 일어나 판사의 말을 따라서 외치게 하는 처분만을 내린 분이죠. 남학생 여러 명에게 집단 폭행을 당한 후 자존감을 잃고 자포자기한 삶을 살고 있던 소녀에게 이분은 이렇게 말했답니다.

"앉은 자리에서 일어나라. 날 따라서 힘차게 외쳐라."
"나는 세상에서 가장 멋지게 생겼다!"

"나는 무엇이든지 할 수 있다!"

"나는 이 세상에 두려울 게 없다!"

"이 세상은 나 혼자가 아니다!"

다 따라하지 못하고 울음을 터뜨린 소녀에게 다시 이분은 말합니다. "이 세상에서 누가 제일 중요할까. 그건 바로 너야. 그 사실만 잊지 않으면 된다. 그러면 지금처럼 힘든 일도 이겨낼 수 있을 거야."

그리고 법대 앞에 선 소녀의 손을 잡아주며 "마음 같아선 꼭 안아주고 싶다. 하지만 우리 사이를 법대가 가로막고 있어 이 정도밖에 할 수 없어 미안하구나"라고 이야기했습니다.

이 이야기는 몇 번을 읽어도 눈물이 납니다. 어머니의 마음으로 재판을 한 이 선배 법관의 이야기를 읽으며 느꼈던 감동과 존경은 잊지 못할 것 같습니다. 인터넷을 보니 이 이야기에 대해서도 '감성팔이 재판' '온정주의 재판'이라며 무원칙한 용서라고 비난하는 의견도 있더군요.

당연히 법관은 감성과 온정만으로 재판해서는 안 됩니다. 이분은 이 사건을 깊숙이 검토한 끝에, 이 소녀는 자존감 회복이 가장 근본적인 치료법이고 보호시설로 보낼 만한 사안은 아니라고 판단한 것입니다.

이 재판이 무슨 예외적이고 즉흥적인 재판이었던 것은 아닙니다. 앞서 설명했듯이 담당 법관들이 청소년의 교화와 정상적인 삶으로의 복귀를 중요시하여 상담 전문가, 심리학자들로부터 심리치료기법을 배우는 등의 특수성이 있기에 가능했던, 이 분야에서는 일반적일 수도 있는 재판이었습니다.

기사화가 모두 되지 않았을 뿐 오늘도 전국 곳곳의 가정법원에서는 전문가의 이성과 부모의 마음을 함께 담아 해체된 가정과 좌절한 아이들의 상처를 치료하려는 많은 분들이 머리를 싸매고 고민하고 있답니다.

# 지성과
반지성[*]

—

## 인간은 객관적 진실을 인지할 수 있는가

고등학교 기술 시간에 쪽지시험을 보았습니다. 저는 문제를 다 풀고 시간이 남자 아무 생각 없이 문제지(별도 답안지 없이 문제지에 직접 답을 기표해 제출하는 시험이었습니다) 여백 귀퉁이를 찢어 답을 적었습니다. 나중에 정답과 제가 적은 답을 맞추어보려는 생각이었죠.

그런데 시험이 끝나고 문제지를 걷어 간 선생님께서 제 문제지의 귀퉁이가 찢겨 있는 것을 발견하고는 저를 일으켜 세워 그 귀퉁이가 어디 있느냐고 따져 물었습니다. 저는 주머니에서 종이를 꺼내 제출하면서 나중에 답을 맞추어보려고 적어두었다

고 말했지만 선생님은 제가 뒷자리의 친구에게 답을 적어 건네
주려고 했다고 의심—아니, 단정—하면서 호통을 치시며 방과
후 교무실로 오라고 하셨습니다.

방과후 교무실로 간 제게 선생님은 "다 이해한다. 친구를 돕
고 싶어도 앞으로 그런 짓은 하지 마라" 하시더군요. 저는 정말
로 그런 것이 아니라고 다시 말씀드렸지만 선생님은 "이 녀석이
알았다는데도 그러네!" 하시며 돌아가보라는 것이었습니다.

저는 정말 억울했지만 냉정하게 입장을 바꿔 생각해봐도 완
벽하게 의심받을 만한 상황이라는 점에는 동의할 수밖에 없었습
니다.

이 기억은 지금까지도 제게 강하게 남아 있습니다. 외견상

---

■ 2005년 11월 〈PD수첩〉이 황우석 박사의 줄기세포 연구에 관한 의혹을 제기하면서
온 한국 사회가 들끓었던 당시를 기억하십니까? 대통령부터 초등학생까지 모두 한마디
씩 하고, 한 가지 사안이 폭로될 때마다 언론의 논조가 180도로 바뀌곤 하던 광풍 같던
시기였지요.
사태 초기 지배적 여론은 〈PD수첩〉 측이 취재윤리를 위반하여 강압적으로 취재하고 편파
적으로 보도해 황 박사를 공격한다는 분노감이었고, 여기에는 진보 보수가 따로 없더군요.
결국 〈PD수첩〉에 붙던 모든 광고가 취소되고, MBC는 대국민사과문을 발표했습니다.
〈PD수첩〉은 잠정 중단되기에 이릅니다. 황 박사의 공동연구자 섀튼 교수가 결별을 선언
하자 미국이 막대한 이익을 낳을 줄기세포 연구결과를 독점하기 위해 황 박사를 매장하
려는 음모라는 주장이 그럴듯해 보이는 근거들과 함께 인터넷을 달궜습니다.
구원의 빛은 이 광기에 가까운 애국적, 민족주의적 열정의 지배에 굴하지 않고 BRIC(생
물학연구정보센터) 홈페이지의 한 귀퉁이에 자리잡은 작은 게시판인 '소리마당'에서 새
어나오기 시작했습니다. 전국 각지의 관련 분야 연구자들이 침착하게 그리고 실증적으
로 황 박사 연구결과의 문제점을 밝히기 시작하면서 말이죠. 이 글은 이 당시에 썼던 글
입니다.

물증이 갖추어지고 범행 동기와 인과관계가 합리적으로 설명되는 것처럼 보여도, 정말 비합리적으로 보이는 범인의 변명이 진실일 수도 있는 것입니다.

저는 이 기억을 잊지 않으려고 노력합니다. 이는 형사법적으로는 무죄추정의 원칙을 떠올리게 하지만 보다 철학적으로는 과연 인간은 객관적 진실을 인지할 수 있는 것인가라는 의문을 야기하기도 합니다.

## 그 밑바닥까지 알고 있는 언어

대학 시절 교육철학 강의를 들은 적이 있습니다. 플라톤의 『향연』을 교재로 소크라테스의 산파술에 대해 논하는 강의였는데, 사실 저는 이 과목이 시험을 보지 않고 리포트로 대체하는 널널한 강의라는 소문만 듣고 간 것이었습니다.

그런데 교수님이 소크라테스의 산파술을 비판해보라는 리포트 과제를 내주면서 리포트를 작성할 때 자신이 '그 언어의 밑바닥까지 알고 있는 언어'만을 사용하라고 하셨습니다. 스스로 백 퍼센트 자신 있게 그 의미를 알고 있는 언어만을 사용하라는 말씀이었죠.

이 말을 곱씹을수록 '언어'와 '지식'의 무게라는 것이 온몸을 짓누르는 느낌이었습니다. 책 좀 읽었다고 소싯적부터 꽤나 유식한 척하는 글을 쓰는 것이 버릇이 되어 있었던 저였기에, 제가 쓰거나 누구에게 말했던 지식 중 그 밑바닥까지 정확하게 알고 있는 것이 과연 있기는 있을까 하는 회의가 들었던 것입니다.

제 지식이라는 것의 대부분은, '패러다임'이라는 개념이 토마스 쿤의 『과학혁명의 구조』라는 책에 나온다는 식의 서너 줄짜리 장학퀴즈풍의 요약에 불과할 뿐, 그 지식이나 말의 원전은 한 장 본 적도 없는 경우가 너무나 많았습니다. 그야말로 '주워들은' 몇 마디로 안다고 착각하고 있는 것들을 과연 진짜로 알고 있는 걸까 고민하다보니 리포트는 단 한 줄도 쓸 수가 없었습니다.

결국 말 한마디 한마디 자기검증 작업을 거치며 힘들게 힘들게 리포트를 썼지만 산파술 비판을 위해서는 무엇인가 반대되는 이론적 틀이 필요했고, 절대 '밑바닥'까지 알고 있다고 할 수 없는 변증법의 논리를 동원할 수밖에 없었습니다.

결국 교수님이 요구한 과제 작성에는 실패했지만 그 과정에서 깨달은 바가 크니 결국 교수님은 산파술에 성공한 것이겠지요.

### 지식의 원천

언어와 지식의 원천 문제를 생각해보신 적이 있습니까? 무슨 거창한 문제에 대해 침 튀기며 열변을 토하는 친구의 말을 듣다보니 귀에 익은 논리라서 곰곰 생각하다가 "야, 그거 근데 며칠 전 무슨 신문에서 본 이야기 아니니?" 하고 묻자 친구가 겸연

쩍어하며 "그랬었나?" 하던 기억이 있습니다.

우리가 직접 일차적으로 체득하는 지식은 극히 제한적입니다. 그렇기에 대부분 지식의 원천은 타인의 논거와 결론을 이차적, 삼차적으로 수용하는 것입니다. 여러 다리를 건너 온 것일수록 내용이 축약되고 오도될 가능성도 많지요. 그나마도 우리의 지식은 직접 인용도 아니고 재인용, 재재인용을 거쳐 그것도 검증 없이 스쳐 지나가며 입력된 것들일 가능성이 많습니다.

하지만 우리는 그것을 엄밀히 준별하지 아니한 채 확실한 지식이라고 착각하며 자기 자신의 결론이라고 착각하기도 합니다. 우리는 '통계학' 책을 읽은 적도 없고, 강의를 들은 적도 없으면서 글을 쓸 때는 '이는 통계학적으로는 의미가 없다'는 표현을 쓰고, 헤겔의 변증법 철학서를 한 페이지도 직접 읽은 적 없으면서 실은 '도덕'이나 '국민윤리' 책에서 몇 줄 본 지식을 근거로 '역사가 정반합의 나선형 발전과정을 거쳐 변증법적으로 발전' 운운하기도 합니다.

한국 경제가 어떻고, 미국의 네오콘이 어떻고, 보수와 진보가 어떻고 하며 거창하게 나누는 이야기 속에 담긴 지식의 원천을 냉정하게 추적해보면 인터넷 어느 블로그에 누가 쓴 이야기, 신문 기사, 만화책에서 본 것, 영화에서 본 것, 누가 하는 이야기를 들은 것 등일 경우가 많습니다.

물론 애덤 스미스의 『국부론』 원전을 다 읽어야만 자유시장

경제에 대해 언급할 자격이 생기는 것은 아닙니다. 하지만 말하는 사람 스스로 자신의 지식의 근거가 무엇인지, 그것이 얼마나 확실한 것인지 알고 있어야 남을 잘못된 결론으로 이끌지 않을 수 있습니다. 그런데 인터넷의 발달로 피상적인 정보와 검증되지 않은 정보의 파편은 넘쳐나고, 클릭 몇 번으로 이러한 정보를 수집한 대중은 이차적인 지식 생산자의 지위를 누리게 되었습니다. 이것을 권력 이동이고, 정보 민주화라면서 낙관적으로만 볼 수 있을까요?

정보가 대중화되기 전인 18, 19세기에는 그리스 로마 시대의 원전으로부터 시작하여 인류가 당시까지 축적해온 지식을 밑바닥부터 직접 공부해온 지식인들이 지식 생산자의 지위를 누렸고, 이들이 생산하는 지식에는 권위가 부여되었습니다.

하지만 정보화사회인 지금 인터넷에서는 해당 분야에 대해 아무런 교육도 받지 못하고, 체계적 지식도 갖지 못한 사람들이 급진적인 논평을 하고 신처럼 단정하는 일이 비일비재합니다. 각국의 입법과 판례에 대해 재판부가 리서치하고 심사숙고해 내린 판결에 대해, 대한민국 사법부가 보수적이라서 나온 시대착오적 판결이라는 식의, 논거는 모두 생략한 용감무쌍한 단정이 단 몇 분 내에 시도되기도 합니다. 누군가 노벨상을 탄 과학자들도 결론을 못 내리는 첨단 과학 이슈에 대한 음모론적인 소설 플

롯을 제시하면 탁월한 견해 내지는 천기누설로 둔갑하여 빛의 속도로 웹을 떠돌게 됩니다.

소크라테스는 무지를 자각하게 하기 위해 평생을 가르쳤는데, 한국의 인터넷상에는 한국 경제의 모순구조, 국제사회의 역학관계, 한국 근현대사의 진실, 국제 과학계의 파워게임과 음모 등을 훤하게 꿰뚫는 현자, 예언자들이 득시글거립니다.

### 지성과 반지성

요즘 새삼스레 드는 생각은 좌와 우, 보수와 진보 등의 편 가르기는 모두 본질과 직결되지 않는 '이름 붙이기'에 불과하고, 실제로는 지성과 반지성이 대립할 뿐이라는 것입니다.

그럼 무엇이 지성입니까? 자신이 알고 있는 것만을 안다고 하는 것이 지성일 것입니다.

영어학원에 가보았더니 미국인 강사가 작문이나 주장에서 자주 고쳐주는 부분이 있더군요. 'All Koreans'로 시작하는 문장을 'Almost all' 또는, 이도 위험하니 'Some'으로 표현하라는 것입니다.

자신이 안다고 생각하는 것도 절대적 진리가 아니라 상대적일 수 있음을 인식하고, 자신이 틀릴 가능성을 인정하고 유보적인 태도를 취할 수 있는 것 또한 지성적인 태도일 것입니다. 이에 반해 자신이 믿고 있는 것, 또는 자신이 바라는 것을 앎과 혼동하는 것, 더 나아가 자신이 믿고 있는 것, 또는 바라는 것에 저촉되는 사실을 무조건 배척하는 행위는 갈릴레이를 법정에 세웠던 바로 그 반지성 아닐까요.

이러한 반성은 정치적 입장에 관계없이 모두에게 요구되는 덕목입니다. 우리 모두 반성해봅시다. 우리는 어떠한 근거로, 어떠한 고민 끝에 어떤 문제에 대해 결론을 내리고 이를 남에게 이야기해왔습니까? 비유적으로 말하자면, 어떤 실험과 데이터를 가지고 논문을 써서 잡지에 발표해왔습니까?

시장에 대한 정부의 모든 개입을 철폐하면 우리 경제가 살아난다고 확신하십니까? 대학 때 우리 현대사에 대한 수정주의 사관 서적 한두 권을 읽은 것만으로 이에 대한 학계의 후속 논쟁이나 검증에 대한 지속적 관심 없이 평생 한국 현대사의 본질을 이해하고 있다고 생각하고 있습니까? 자신이 지지하는 정치 이념이 인류를 행복하게 할 것이라는 근거를 얼마나 비판적으로 검토해보았습니까? 2002년 월드컵 때 외국에서 제기한 오심 의혹은 아무런 객관적 근거가 없는 것이었다고 확신하고 있습니까? 독도가 자기네 땅이라는 일본의 주장에는 단 하나의 근거도 없다고 확신하십니까?

생각할수록 저는 아무것도 확실하게 말할 수 있는 것이 없습니다. 다행히 재판제도라는 것은 이러한 인간 인식의 불완전

성을 전제로 고안된 것이기에 법에 의해 부여된 '입증책임'이라는 것이 존재합니다. 그래서 답을 모르겠으면 입증책임을 지는 측이 재판에 지게 됩니다. 형사소송에서는 검사가 유죄의 입증책임을 지는 것이기에 합리적 의심의 여지 없이 입증하지 못하면—즉 모르겠으면—무죄인 것이고요.

하지만 사회에서의 문제들은 모르겠으면 아직 결론을 내릴 수 없는 것들이 대부분입니다. 매사에 꼭 선명한 결론을 내리려고 무리하는 것은 오만인 동시에 무지입니다. 근거 없는 확신을 유포하는 것은 무지를 넘어선 범죄일 수도 있는 것이고요.

그렇다고 대중은 무지하니 전문가 집단이 하는 일에 감히 토 달지 말고 순종하라는 이야기를 하고 있는 게 아닙니다. 의견을 피력하되 자신의 의견과 지식의 한계를 스스로 인식하고, 이를 전제로 자기검증을 되풀이하며 자기가 말할 수 있는 부분까지 말하자는 것입니다. 결론을 내릴 만한 근거가 없으면 스스로 단정하지 말고 의문만 제기하면 되는 것 아닙니까. 사실상 결론을 내려놓고 반문하는 의문이 아니라, 진실에의 열린 가능성을 열어둔 순수한 의문 말입니다.

모든 사람에게 다 이처럼 까다로운 자기검증을 요구하는 것이 무리라면 최소한 자신이 지성적으로 사고하고 행동하도록 교육받았다고 생각하는 사람들이라도 먼저 이렇게 행동해야 할 것입니다.

소영웅주의와 귀차니즘이 판치는 사회는 어떤 면에서 독재 국가보다도 위험할 수 있습니다. 후자에 존재하던 자생적인 비판적 지성이라는 희망이 전자에서는 고사되기 쉽기 때문입니다. 그 어떤 막강한 거대담론에도 아랑곳없이 모든 것을 의심하는 것이 과학자의 할 일이라면서, 과학 자체의 방법만으로 검토하고 논의했던 무명의 과학자들이야말로 우리를 질식하지 않게 해주는 지성의 징표라고 생각합니다.

# 서울 법대와
# 하버드 로스쿨 1[■]

—

서울 법대와 하버드 로스쿨. 저는 운 좋게도 이 두 학교를 다녀볼 수 있었는데, 하버드에 오기 전 저 역시 속물적인 여러 가지 궁금증을 품고 있었습니다. '하버드 로스쿨 학생들은 정말 공부벌레들일까?' '책이나 영화에서 본 것처럼 살벌하게 공부할까?' '뭔가 다른 점이 있을까? 머리들은 얼마나 좋을까?' 등등……

한 학기를 보내고 나서 생각해봅니다. 다를 것이 없는 것 같

[■] 2006년에 법원이 지원하는 해외연수 기회를 얻어 일 년간 하버드 로스쿨 LLM(석사과정)을 마칠 기회가 있었습니다. 이 글은 이 연수 기간에 느낀 점들을 법관게시판에 올렸던 것입니다.

기도 하고, 다른 것 같기도 합니다.

## 얼마나들 머리가 좋을까?

얼마나들 머리가 좋을까? 이런 객관적 기준이 없는 의문을 갖는 것 자체가 별로 영민하지 않은 것이지만 '피상적인' 답을 말하자면 '별다를 것은 없더라'입니다. 수업을 토론식으로 진행하기 때문에 학생들의 논리 전개과정과 아이디어를 지켜볼 수 있었는데 생각보다 '브릴리언트'하다고 할 만한 친구들이 눈에 잘 띄지 않았습니다. 거칠게 분류하면 열 명이 있으면 똑똑하게 잘하는 학생들 한두 명, 평범하지만 열심히 하는 학생들 네 명, 대충 따라가기만 하는 학생들 네 명 정도의 비율?

쥐를 가지고 한 실험이 있습니다. 장애물 건너에 먹이를 두고 쥐들을 키워보니 아무 생각 없이 굶고 있는 놈들, 머리를 쓰고 용기를 내서 먹이를 구해 오는 놈들, 구해 온 먹이를 뺏어 먹는 놈들 등으로 분류할 수 있었습니다. 그런데 다시 먹이를 구해 온 놈들만으로 집단을 만들어 실험해보니 그 집단 안에 다시 굶는 놈, 구해 오는 놈, 뺏어 먹는 놈으로 나뉘고 다시 그 비율은 비슷하게 유지되더라는⋯⋯

인간도 크게 다르지는 않은 듯합니다. 서울 법대도, 사법연수원도, 하버드 로스쿨도 모아놓고 보면 결국 그 내부에서 항상 잘하는 애, 어중간한 애, 포기하고 노는 애가 갈리거든요. '그중에 너는 어느 부류였냐?'라는 태클은 정중히 사양합니다.

솔직히 '뭐 이런 것들이 다 있어?'라는 충격을 받았던 때는 서울 법대 1학년 때가 유일했던 것 같습니다. 저도 나름 고등학교 때 시험 잘 보는 신통력은 있었는지 소위 수석 입학자라고 매스컴도 타고 하여 내심 뻐기고 있었는데, 이제 갓 입학한 대학 신입생 주제에 난해한 법철학적 주제에 대해서 깊이 있으면서도 번뜩이는 독창적 아이디어의 리포트를 쓴 친구를 보면서 좌절, 신입생 대상의 해방전후사에 관한 세미나에서 당시 농민들의 입장에 관한 통찰력 있는 가설을 불쑥 제시하는 친구를 보며 좌절, 도대체 무슨 소리인지 알기도 힘든 헌법 교과서를 그것도 세 가지 다른 입장의 것을 동시에 책상에 놓고 비교 분석하면서 하루에 백 페이지씩 읽어내는 인간을 보며 좌절…… (하지만 그 녀석들은 제 여친의 미모를 보면서 좌절^^)

하기는 이곳 로스쿨을 방문하신 모교 교수님을 만났는데요, 서울 법대, 도쿄대 법대, 하버드 로스쿨 세 군데에서 모두 강의해본 경험에 비추어볼 때 가장 똑똑한 학생들은 서울 법대 학생들이라고 하시더군요. 하버드 학생들은 의외로 편차가 심하다나요? 서울 공대를 우수하게 졸업하고 하버드 로스쿨 졸업반에 있는 한국 학생이 있는데 그 친구 말로도 하버드 학생들보다 서울 공대 학생들이 더 똑똑했고, 편차도 적었다고 하더군요.

이런 이야기를 한다고 해서 바로 한민족의 우수성 어쩌고 흥분하시면 곤란합니다. 제 생각은 그만큼 우리나라 대학 입시가 서울대를 정점으로 일렬 줄 세우기를 잘해왔다는 이야기 아닐까 싶습니다. 상대적으로 편차가 적을 수밖에요.

물론 하버드도 성적이 뛰어난 학생을 뽑습니다. 여기 학생들에게 '미국에서는 아무거나 한 가지만 잘하면 명문대에 갈 수 있다며?' 하고 물었더니 '누가 그런 헛소리해요?'라는 반문이 바로 돌아오더군요.

미 전국 고교에서 일등 하는 학생 그룹 중에서 뽑힌 학생들이 하버드 칼리지에 오고, 거기서 또 좋은 학점 받은 학생들이 다시 로스쿨에 온 경우가 많고, 다른 대학에서 온 학생들은 거의 수석, 차석 졸업자라더군요(뭐, 그래 봤자 또 굶는 놈, 구해 오는 놈, 뺏어 먹는 놈으로 나뉘겠지만서도……). 그래도 하버드 외의 훌륭한 선택지도 풍부하고 성적 외의 요소도 함께 고려하니 우리나라처럼 성적순 대학 줄 세우기식은 아닙니다.

### 정말 '하버드의 공부벌레들'이더냐?

역시 답변은 '별다를 것은 없더라'입니다.

수업시간에 학생들이 펴놓은 노트북 화면을 죽 보면 가관입니다. 매일 수영복 미녀 사진을 보고 있는 학생, 늘 구글 메일을 읽고 있는 학생, 트럼프 카드를 옮기는 단순 게임에 매진하는

학생, 채팅하는 학생…… 재미있는 것은 늘 같은 것을 하는 일관
성이더군요. 그러다가도 교수가 질문하면 어떻게든 대충 답하는
순발력을 보면 역시나 싶기도 하고.

　'공부벌레들' 분위기에 근접이라도 한 것은 오직 1학년(1L,
원 엘이라고 부릅니다) 때뿐인 것 같습니다. 왜냐? 1학년 성적을
가지고 로펌 취직이 거의 다 결정되거든요. 2, 3학년 때도 계속
고학점을 받고자 하는 학생은 대법관의 재판연구원law clerk이 되
고 싶거나 교수가 되고 싶은 학생들입니다. 결국 '인센티브'의
문제죠.

　그런데 원 엘 때의 공부 강도도 만만치 않지만 한국의 고시
공부, 의대생들의 공부 등 무식하기 이를 데 없는 비인간적인 한
국식 공부에 감히 비교할 것은 아닙니다. 물론 한국 법대생들의
공부 강도보다는 비교 안 되게 높지만, 어차피 한국 법대가 고시
학원화된 현실을 볼 때 고시 공부의 강도와 비교하는 것이 맞지
않나 싶습니다. 미국의 변호사 시험은 그리 어렵지 않은 자격시
험이고, 법대 1학년 성적이 진로를 좌우하니까요.

　'공부벌레들' 유의 과장된 이미지와는 다르다는 이야기일
뿐 기본적으로는 열심히들 공부하는 것 같습니다. 시스템 자체
가 다른 것이, 미국 대학에서는 상당 분량 예습한 것을 전제로
토론식 수업을 하기 때문에 미리 책을 읽지 않으면 수업에 들어
가는 것이 의미가 없습니다. 그래서 예습은 당연한 상식으로 여

겨지는 것 같습니다.

그런데 또 가만히 보면 어떤 수업은 거의 다들 예습을 잘해
오고, 어떤 수업은 예습해 오는 쪽이 소수입니다. 교수가 얼마나
무섭게 학생들에게 질문을 던지고 망신을 주느냐의 차이죠.

결국 인간 행동이란 기본적으로 인센티브에 의해 좌우되는
거지 타고나기를 공부를 좋아하는, 특이한 인간들만이 어디에
몰려 있는 희한한 일은 없는 것 같습니다.

# 서울 법대와
# 하버드 로스쿨 2

—

앞 글에서 서울 법대와 하버드 로스쿨이 별다를 것 없다는 이야기를 했으니 이번에는 다른 점에 대해 이야기해보려고 합니다.

1.

석사과정 신입생 오리엔테이션 기간 중 회사법 분야를 소개하는 강의가 있었습니다. 세계적으로 유명한 마크 로Mark Roe 교수의 강의는 기업인수합병M&A이 정점에 달했던 시기의 한 유명사례를 소개하면서 시작되었습니다. 그러더니 교수는 여러 질문을 던지다가 갑자기 강의실 불을 끄고 영화를 보여주는 것으로 강의를 마무리했습니다. 〈Other People's Money(타인의 돈)〉라는 영화였는데요, 그레고리 펙이 지역사회에서 오랫동안 사람들의 일자리를 제공해온 공장 사업가로, 대니 드비토가 악명 높은 월스트리트의 기업사냥꾼 변호사로 나옵니다.

그레고리 펙은 IT산업의 물결 속에 사양산업이 되어가는 공장을 어떻게든 살려보려고 동분서주하지만 대니 드비토의 마수를 벗어나기는 힘듭니다. 그레고리 펙은 회사의 운명을 결정할 주주총회에서 지역 주민의 삶의 터전이었던 공장에 대한 애정을 이야기하고, 미국을 지탱해온 근면성실한 보통 사람들의 삶 자체와 다를 바 없는 공장과 회사를 남의 돈other people's money으로 게임하듯 사서 조각내 팔아버리는 탐욕스러운 변호사들에 대해 분노합니다. 대부분 지역 주민인 주주들의 우레 같은 박수가 이어지는 가운데 단상에 오른 대니 드비토. 야유 소리가 드높습니다. 신경쓰지 않고 그는 이야기합니다.


아멘, 아멘, 아멘. 기도는 잘 들었습니다.

감동적이지만 기도는 기도에 불과합니다.

여러분이 원하든 원하지 않든, 정보화사회의 물결은 세상을 이미 바꿔버렸습니다.

이제 여러분이 사랑하는 이 공장은 더이상 이익을 내지 못합니다.

그리고 여러분의 전 재산인 주식은 곧 휴지로 변할 겁니다.

앞의 분 말씀대로 저는 남의 돈으로 여러분 회사를 사들여서 돈을 벌려는 자입니다.

하지만 제가 돈을 버는 과정에서 여러분도 여러분 재산을 최소한도는 지킬 수 있게 됩니다.

저는 여러분의 최고의 친구는 아닙니다. 저는 여러분의, 유일한 친구입니다.


여기서 교수는 영화를 멈추고 불을 켜더군요. 아따, 결말 궁금하게시리……

저는 기업인수합병에 관해 잘 써진 논문 수십 개보다 영화 속 두 인물의 연설 장면에서 더 많은 화두를 찾을 수 있을 것 같았습니다.


2.

미국 내 가장 영향력 있는 여성 법률가 일위로 뽑히곤 하는 엘리자베스 워런 교수의 파산법 강의 종강일이었습니다. 엘리자베스 워런 교수는 린 로푸키Lynn LoPucki라는, 역시 자기 분야에서 미국 최고로 꼽히는 유명 교수의 연구결과를 인용하며 한참 강의를 하고 학생들 질문을 받다가 갑자기 영화 이야기를 꺼냈습니다.

바로 저도 좋아하는 우디 앨런의 〈애니 홀〉에서 가장 유명한 장면. 극장 앞에 우디 앨런이 줄을 서 있는데, 뒤에 있는 사람이 마셜 맥루헌의 미디어론에 대해서 뭐라고 자꾸 어설픈 아는 척을 하고 있습니다. 듣다 못한 우디가 끼어들어 그건 맥루헌을 잘못 이해하고 있는 거라고 하니까 반박하는 그 남자. 갑자기 우디는 화면 밖에 서 있던 진짜 맥루헌 손을 잡아끌고 와서는 그에게 직접 물어보고, 아는 척을 하던 남자는 머쓱해지는 장면입니다.

그런데 갑자기 교실 맨 뒷자리에 언제부터인가 슬그머니 와서 앉아 있던 로푸키 교수가 단상으로 걸어 나오는 겁니다. 학생들은 박수를 치고 질문과 답변이 이어졌지요. 저는 학생들에게 작은 깜짝쇼를 보여주려고 모의했을(?) 두 대가가 참 귀여웠어요.


3.

이번에는 바로 그 로푸키 교수의 수업 이야기입니다. 이 교수가 가르치는 과목은 상당히 기교적이고 복잡한 내용의 담보부거래secured transaction 분야라서 어렵습니다. 그런데 누가 가르치느냐에 따라 아무리 어려운 주제도 쉽게 느껴질 수 있다는 것을 절감했습니다.

로푸키 교수는 자기가 쓴 교과서를 교재로 하는데 문장 자체를 간결하고 명쾌하게 써서 읽기 쉽고, 수업은 교재를 다 읽어왔다는 전제로 가상의 사례인 연습 문제를 풀며 이론과 법을 실제로 적용하는 훈련을 합니다.

모든 수업은 교수가 준비한 파워포인트로 진행되는데 핵심만 명쾌하게 잘 정리한 데다가 학생들 사고의 흐름을 손금 보듯이 알고 있어, 한 가지 질문을 학생들에게 던지고 대답이 나오면 씩 웃으며 버튼을 누릅니다. 그러면 파워포인트에 학생의 대답을 정확히 예견한 다음 질문이 연쇄적으로 뜹니다.

기본적인 개념은 간명하게 정리해주고, 그다음에는 실제 사례에 적용하면서 끊임없이 새로운 의문을 제기합니다. 한 가지 대답을 하면 그 대답의 약점을 지적하면서 다른 가능성을 생각해보도록 하고 말이죠.

그렇게 한 학기를 마치고 어느덧 종강일.

어려운 과목을 몇 달 동안 잘 끌고 와서는 마지막에 뒤통수를 치듯 지금까지 배운 담보제도가 오히려 경제순환을 저해하는 측면이 있음을 입체적으로 분석하고, 그동안 당연한 것으로 전제했던 제도의 취지에 대해 의문을 제기합니다.

그러고 보니 교과서에도, 연습 문제에도, 그동안의 강의에도 항상 제도의 비효율성과 한계를 학생들 스스로 깨닫도록 하는 부분이 숨어 있었음과 모든 것이 유기적으로 연결되어 있었음을 알게 됩니다. 여기서 배운 것을 가지고 실무를 해나갈 학생들에게 주어진 제도를 적용만 할 것이 아니라 전체 사회의 관점에서 제도를 개선해나갈 것도 잊지 말 것을 가르치는 거죠.

태어나서 '세상에 이렇게 잘 가르치는 사람이 있을 수가!'라는 감탄을 하면서 수업을 들은 것은 처음이었습니다. 마지막 수업이 끝나자 학생들은 진심어린 박수를 쳤고, 참을 수 없었던 저는 결국 나중에 머뭇머뭇 교수에게 가서 수줍은 한마디를 하고 말았습니다.

"Professor, I want to say I really enjoyed your class."

그러자 교수는 "I was glad to have you in my class"라며 웃어주더군요. 눈물 날 뻔했답니다(그래 놓고 학점은 그리 짜게 주다니 배반이야 배반!).


교수는 종강 후 기말고사 때까지 시험을 준비하는 학생들이 이메일로 질문을 하면 바로바로 답을 해서 수강 학생 전원에게 메일로 발송합니다. 기회균등 때문이죠.

그러고는 토요일이고 일요일 저녁이고 교수의 답변 메일은 계속됩니다. 스팸메일로 지정해버리고 싶을 만큼……

# 서울 법대와
# 하버드 로스쿨 3

—

앞에서 서울 법대와 하버드 로스쿨의
같은 점과 다른 점을 이야기했으니 이제 왜 다른지도 이야기해
야겠죠.

1.

하버드 학생들이 접속할 수 있는 홈페이지에는 모든 교수의
강의평가표가 있습니다. 종강일에 학생들이 작성해 제출한 강의
평가를 종합한 것인데요, 강의가 명료하면서 잘 조직되어 있는
지, 학생들의 질문에 잘 답변하는지, 수업시간 외에도 교수를 잘
만날 수 있는지, 강의 주제에 대한 지식이 어느 정도인지, 강의

교재는 잘 정리되어 있는지, 요구되는 공부량은 어느 정도인지, 수업의 페이스가 얼마나 빠른지 등 19가지 항목에 대해 1점부터 5점까지 학생들이 직접 점수를 매길 수 있습니다. 그렇게 매긴 점수와 평균 점수가 나오고요.

그 밑에는 교수가 특정 학생에게만 발언 기회를 자주 준다, 한쪽 견해로만 치우친 강의라서 불편했다, 교재 편집이 엉망이어서 읽기 힘들었다 등 학생들의 총평과 코멘트도 모아놓습니다. 두 교수가 공동 강의를 한 수업의 경우는 대놓고 A교수의 강의는 탁월했는데 B교수의 강의는 도대체 포인트를 찾을 수 없고 지루했다고 비교하기도 하고요.

맨 끝에는 이 강의를 다른 학생들에게 권할 것인지에 대한 설문조사결과가 나옵니다. 수강신청을 할 때는 우선 이렇게 쌓인 수년치의 강의평가를 정독한 후 실제 수업에 들어가 직접 판단하고 확정합니다. 성의 없이 수업하는 교수가 살아남을 수 있을까요?


2.
학문의 풍토 자체가 근본적으로 다른 것 같습니다.

오랜 성리학의 전통과 근대화 이후 일본을 통해 수입한 독일 법학의 영향 때문인지 우리 법학은 개념 위에 개념을 쌓아가는 방식입니다. 의의, 연혁, 요건, 효과, 다수설, 소수설, 판례, 객관설, 주관설, 주관적 객관설, 상대적 객관설, 적극설, 소극설, 절충설, 기타 등등, 기타 등등, 기타 등등……

고시 공부를 하려면 다수설, 통설 옆에다가 '다'나 '통'자를 쓰고 동그라미를 쳐서 외워야죠. 고시생 시절 학생들끼리 그룹 스터디를 할 때도 제가 무슨 주장을 하면 바로 '근거가 뭐야?'라고 반문이 오는데, 여기서 근거란 어느 유명 교수 책에 언급된 것이냐, 통설이냐, 독일이나 일본 책이나 판례에 나오는 것이냐 등입니다.

외우는 것에는 소질이 없고 썰 푸는 데는 좀 소질이 있던 저는 버럭~ 할 때가 많았죠.

"아, 그건 그냥 내 생각이지만 코트디부아르 법대 교수나 피지 법대 교수가 어디서 똑같이 주장했을 수도 있잖아! 우리가 무슨 훈고학 하는 것도 아니고 근거가 매번 필요해?"

그런데 그렇게 달달 외운 학설 대립이라는 것도 실제로 사회에 나와서 일을 해보면 도대체 왜 필요한지 알 수 없는 것이 상당 부분이랍니다.

사시 1차 형법시험에 단골로 나오는 '착오론'이라는 것이 있습니다. A가 B에게 총으로 쏘았는데 알고 보니 C였던 경우, 알고 보니 사람이 아니고 멧돼지였던 경우, B인 것을 확인하고 쏘긴 했는데 잘못 쏘아서 D가 맞은 경우 등을 비교하면서 각각의 착오가 어떤 종류의 착오인지 개념 규정을 하고, 그러한 착오가 형법체계의 어떤 부분에 작용하는 것인지 규명하고, 그래서 어떻게 되는지에 대해서 또 A설, B설, C설……

그런데 중요한 것은 소위 이런 '학설'들이 이미 작고하신 1960년대 교수님의 교과서에 두 줄 언급된 것일 수도 있고, 옛날에 논쟁이 끝난 것일 수도 있으며, 무엇보다 기본적으로 옛날 독일에서 독일 사람들이 논의했던 관념적이고 사변적인 이야기의 번역본인 경우가 많다는 것입니다. 십여 년째 재판을 하고 있지만 단 한 번도 착오론이 필요한 케이스는 없었습니다. 우리나라 범죄자들은 다들 눈 좋은 명사수인가봅니다.

기본적으로 한국의 법학 교육은 학생들의 머리 위에 거대하고 복잡한 개념의 탑을 쌓아놓고, 그 완결적 구조의 아름다움을 음미하도록 하고는 실제 지금 이 사회에서 벌어지고 있는 분쟁을 해결하는 방법에 대해서는 각자 일하면서 알아서 자기 머릿속에 들어 있는 개념들에 꿰어맞추던지 뭐 알아서 하라는 방식인 것 같습니다.

이곳의 법학은 그야말로 '실사구시實事求是'하는 학문입니다. 기본적으로 판례법이 중요한 소스인데, 판례라는 것 자체가 실제로 사회에서 일어난 분쟁이나 해결의 과정이니 현실적일 수밖에 없고요, 성문법을 주로 가르치는 과목도 기본적인 개념과 법조문은 학생들이 읽어 와야 하지요. 그리고 교수는 실제 주로 발생하는 사례들이나 이를 단순화한 연습 문제를 가지고 이 법조문이 도대체 무슨 소리이고 어떤 때 써먹으라고 나온 것인지를 가르칩니다.

한국에서는 개념, 연혁, 요건 기타 등 준비운동만 심하게 하다가 다리가 후들거려서 실제 수영장에는 뛰어들지도 않고 돌아오곤 했었는데, 여기서는 수업에 들어가면 교수가 준비운동 할 시간도 안 주고 바로 미국 역사상 최악의 회계부정 스캔들로 불리는 엔론 사건의 사례를 분석했다가, 이번 주에는 회기에 의회에서 논의되고 있는 법률 개정안과 각 이익집단의 로비 내용을 소재로 특정 제도 배후에 있는 이해관계의 대립을 토론했다가 하니 이건 뭐 멀미가 날 지경입니다. 바로 물에 처넣고 허우적거리는 가운데 헤엄쳐서 살아남는 방법을 터득하도록 가르치는 것이지요.

교과서는 해마다 새로운 문제점을 반영해 개정되거나 추록이 나옵니다. 교과서에 소개된 학설들은 막연한 사고실험의 결과물들이 아니라, 대부분 근래에 이루어진 실증적 연구결과로 뒷받침되어 있습니다.

이 친구들은 정말 경험적 연구empirical study를 좋아하는 것 같습니다. 법학자들이 아니라 통계학자, 경제학자, 사회학자들인 것 같아요. 정말 별의별 것에 대한 통계적 연구결과가 다 나와 있더군요.

그리고 우리 법학은 가상적인 '평균인'의 판단과 행동을 전제로 이론을 전개하는데, 여기는 지극히 현실적인 인간의 행동을 인센티브와 레버리지로 설명하고 예측하려 합니다. 예를 들자면 기업파산사건의 관할 문제를 설명하면서 델라웨어주 등 특정 주에 큰 사건이 몰리는 통계를 보여주고 그 원인에 대해 토론시킵니다. 그러고는 파산법원 판사들이 큰 사건을 한다고 보너스를 받는 것도 아닌데 큰 사건을 자기 법원에 유치하고 싶어하는 경향의 원인에 대해 추측해보라고 합니다.

연방법원 판사와 달리 임기가 제한되어 있어 다시 선임되려면 뭔가 능력을 보여줘야 하기 때문이다, 임기 후 큰 로펌에 스카우트되려면 경력 관리가 필요하기 때문이다, 사건 처리 후에는 해당 유형 사건의 전문가로서 학계에서도 인정받기 때문이다 등 학생들의 가설이 꼬리에 꼬리를 물고 교수는 이에 대해 좋은 지적이다, 그건 비현실적이다 등의 코멘트를 하며 방향을 잡아갑니다.

시험은 가상의 사례를 제시한 후 로펌의 신참 변호사의 입장에서 사건을 분석하고 대응책을 세워 고참 변호사에게 제출할 메모를 작성하라, 상원의원 보좌관의 입장에서 가상의 법률안이 사회에 미치는 영향을 여러 측면에서 입체적으로 분석하는 의견서를 작성하라 등입니다.

3.

이런 풍토를 가능하게 하는 요인 중 하나는 모든 질문을 존중하는 교육 방식인 것 같습니다. 말이 되든 안 되든 정말 주저 없이 질문을 참 많이들 하고, 교수는 참을성 있게 들어주고 적절히 코멘트하고 반문하며 생각을 이어나가게 합니다. 어떤 질문에도 '좋은 지적good point' '좋은 질문good question'이라며 기를 살려주고, 말도 안 되는 이야기 속에 숨어 있는 말이 될 법한 아이디어를 끄집어내 이야기를 이어갑니다.

아이를 키우는 가정이라면 애들이 이것저것 물어볼 때 바쁘거나 귀찮다고 말을 자르지 말고 진지하게 들어주시고, 모르면 모른다고 답하시고, 같이 인터넷을 뒤져서라도 찾아보고 하십시오. 책을 읽어도 줄거리 요약이나 판박이식 '교훈' 같은 것을 찾도록 하지 말고 엉뚱해도 자기가 생각한 것을 이야기해보도록 하고 들어주십시오.

고교 시절의 일입니다. 국사 수업을 듣다가 불현듯 의문이 생겨 선생님에게 질문을 했습니다. 일본이 페리 제독에 의해 강제로 개항한 것이 1853년이고, 우리가 운요호 사건을 당한 것은 1875년이니 20년 차이가 나는데 왜 그후의 근대화 과정에서 일본은 단시간 내에 산업화에 성공해 세계 최강대국으로 급성장하고, 조선은 그럴 수 없었느냐는 질문이었습니다.

선생님은 잠시 당황하시더니 얼버무리고는 그냥 하던 수업을 계속 진행하셨습니다. 각종 양요 시리즈의 연도순 배열 같은 것을 말씀하시면서요(이 대목에서 잠시 흥분하자면 대학입시, 각종 고시 등의 역사 시험에 A사건의 발생연도는? ①1882년 ②1883년 ③1884년 ④1885년 광주학생운동에 참가한 학생의 수는? ①2만 명 ②3만 명 ③4만 명 등의 시험문제를 내던 인간들—설마 요즘은 그렇지 않겠죠?—의 두뇌 구조가 궁금합니다. 자기가 머리 쓰기 싫다고 그렇게 직무유기해도 되는 것인지. 삶의 부조리함과 무의미함을 체득하게 하려는 심오한 철학인 것인지).

미국 학교에서였다면 제 질문에 대해 모르는 내용이면 지금은 대답하기 힘들지만 같이 공부해서 다음에 같이 토론해보자고 하고 하던지, 아는 내용이면 계속 학생에게 가설을 말해보도록 유도하면서 방향을 제시해주고, 궁금해서 스스로 더 찾아보도록 하지 않았을까 싶습니다.


4.

그런데 개인적으로 느끼기에는 시스템의 차이, 학문 풍토의 차이도 중요하지만 더 중요한 차이는 이곳에서는 '정성' '성실' 같은 평범해 보이는 가치를 우리보다 더 귀하게 여긴다는 것입니다. 자기가 맡은 일에 최선을 다하는 것에서 행복을 찾는 것이 당연한 문화. 교수들도, 학사 행정을 담당하는 직원들도, 도서관의 사서들도, 스쿨버스를 운전하는 기사들도 다들 자기 일에 최선을 다하고 거기서 즐거움을 찾는 것 같습니다. 밥벌이하려고 마지못해 하고 있다는 인상을 받을 수가 없습니다.

다들 정말 귀찮을 정도로 학생들 공부를 도와주려고 애를 씁니다. 학사 행정 담당 스태프가 밤이고 일요일이고 학생들에게 메일을 보내서 다음주 주요 행사와 세미나를 알리고 참석을 권유합니다. 도서관 사서는 제 논문계획서를 읽어보고는 큰 흥미를 느낀 포인트를 말하며 자료 찾는 것을 도와줄 테니 만나서 같이 토론해보자고 연락해옵니다.

그게 다 시스템이 강요해서 살아남으려고 이루어지는 것만은 아닐 겁니다. 또한 그 분위기의 차이가 월급 수준 차이에서 오는 것도 아니라는 생각입니다. 이 사람들이 배부르고 등 따수워서 그럴 수 있는 것일까? 물가 수준을 비교해볼 때 이들이 우리나라에서 같은 일을 하는 근로자들보다 상당히 많은 보수를 받고 있다고 생각되지도 않고, 실제 사는 모습을 봐도 검소하고 단순합니다. 평생 태어난 주 밖을 못 나가본 사람도 많고요. 한국 기준으로 보면 참 재미없게 사는 사람들입니다.

다른 것이 있다면 각자의 일에 대한 존중인 것 같습니다. 자기 일을 소중히 여기기에 남의 일도 존중합니다. 그 일에 관한 그 사람의 권한과 판단을 존중해줍니다. 아무리 바빠도 민원 창구 앞에 줄 서 있는 사람들이 창구에 자기 서류를 들이밀며 빨리 처리해달라고 빽빽 소리 지르는 경우는 상상하기도 힘듭니다. 일 미터 뒤에서 묵묵히 기다리다가 다음 사람 오라는 허락이 떨어져야 앞으로 갑니다. 은행에 가도, 슈퍼 계산대에서도, 지하철 매표소에서도 손님은 왕이 아닙니다. 일하는 사람이 왕입니다. 일하는 사람이 기다리라면 기다려야 하고, 안 된다면 안 되는 겁니다. 그런 문화가 어느 일을 하든지 자기 일과 자기 권한에 대한 자부심과 책임감을 갖게 하는 것 같습니다.

# 서울 법대와
# 하버드 로스쿨 4
—

길고도 긴 글을 이제 마무리해야죠. 서
울 법대와 하버드 로스쿨의 같고 다른 점과 다른 이유를 이야기
했으니 이제 우리가 어떻게 할 것인가를 고민해야 할 것 같습니
다. 그렇게 좋은 학문적 토양과 문화가 있으니 너도 나도 달러
빚을 내서라도 애들을 유학 보내서 선진문물을 배워 오도록 해
야 할까요?

글의 처음에는 별다를 게 없더라는 이야기를 했더랬습니다.
가장 중요한 것은 결국 평범한 가치인 정성과 성실, 최선을 다하
는 태도에 있는 것 같다는 말씀도 드렸습니다. 시스템이나 문화
가 백화점에 진열된 물건처럼 돈 주고 사면 내 것이 되는 건 아

닐 겁니다. 시스템이나 문화는 결국 사람들이 만들어가는 것입니다.

대형 서점에 가보면 '나는 이렇게 하버드대학 갔다' '하버드 들어간 쌍둥이 이야기' 유의 책들이 참 잘도 팔리더군요. 그런 책들 읽어보면 참 아이들이 대견하기도 합니다. 그런데 동시에 드는 의문은 하버드 가느라 고생했겠다만 '그래서 뭐 할 건데?' 하는 것입니다.

'하버드라는 특정 대학에 들어가기' 자체가 사회에서 어떠한 독자적인 가치를 갖고 있습니까? 대학 입학 자체가 인생의 한 목표가 될 수 있습니까? 그 대학 간판이 남은 인생 동안 자기 능력과 성실성에 대해 새로 증명할 필요 없는 자유이용권 같은 겁니까?

우리는 아이들에게 '나중에 커서 뭐가 될래?'라고 묻지, '나중에 커서 어떤 일을 하고 싶어?'라고 잘 묻지 않는 것 같습니다. 뭐가 되고, 어느 대학에 들어가는 것은 다 어떤 일을 하기 위한 방편에 불과한 것 아닙니까? 어느 대학에 들어가고, 뭐가 되는 것까지가 아니라 무엇이 된 이후 그 좋은 방편을 활용해서 무슨 일을 왜 할 것인지에 대해서도 충분히 고민하고 있습니까?

아이들만의 문제가 아닙니다. 어른이 된 이후가 더 문제입니다. 장관이 되고, 교수가 되고, 국회의원이 되고, 사장이 되고, 다 좋지요. 그런데 신문에 나고 축하 전화가 오고 다들 기억하는 것은 무엇이 되는 날, 활짝 웃으며 괜히 전화 받는 척하면서 찍은 사진 한 장이지, 그 사람이 그 자리에서 무슨 일을 하려고 왔는지, 실제로 무슨 일을 했는지가 아닌 것 같습니다.

사흘 장관을 하다 불미스러운 일로 불명예 퇴진했지만 평생 '장관님' 소리를 들으며 힘주고 다니는 사람과 만년 말단 공무원이지만 끊임없는 아이디어로 맡은 업무를 혁신하여 사소하나마 사람들에게 편의를 제공하는 사람 중에 누가 더 큰 성취를 한 사람입니까?

부모도 학교도 사회도 어떻게 살 것인가, 왜 그렇게 살 것인가, 무엇이 행복인가에 대해 고민하기보다 그런 고민은 나중에 해도 늦지 않으니 인생의 지름길로부터 이탈하지 말고 눈 가린 경주마처럼 앞만 보고 달릴 것을 강요한다면, 그래서 미친듯이 달려서 골인했는데 알고 보니 그곳은 그냥 깃발만이 꽂혀 있는 곳일 뿐 아무것도 아니라는 것을 깨닫게 되면 이후의 삶은 허무해서 어쩌지요?

이곳의 학문적 풍토, 우수한 시스템, 교수들의 정성과 열의를 이야기했지만 간판만 얻으면 족한 사람들에게 그게 다 개뿔 무슨 소용이 있습니까, 귀찮기만 하지. 그러한 혜택은 그것이 절실히 필요한 이에게 주어져야 제 값어치를 하는 겁니다. 그리고 그것이 절실한 사람이라면, 세상의 이치를 깨우치고 세상을 보다 낫게 만들고 싶은 강한 욕구와 의지를 가진 이라면, 그러한 혜택이 없다고 공부를 하지 못할까요? 더디고 길을 헤맬지는 모르지만 어디에서든 공부하지 않을까요?

앞서 언급했던 엘리자베스 워런 교수의 강의는 하버드에서도 최고의 명강의로 손꼽히고, 교수 또한 사회적으로 엄청난 활동을 하고 있습니다. 중요한 입법에도 참여하고, 백악관에서도 강연하고, 세계적인 베스트셀러도 쓰고, 신문에 칼럼도 쓰면서 파산제도, 소비자금융 등의 시스템이 빚과 가난 때문에 고통받는 개개인에게 어떠한 영향을 미치는지 지치지 않는 열정으로 탐구하고, 목소리 높여 월가의 금융업 로비스트들과 맞서 싸웁니다.

그런데 이 교수는 하버드 출신도 아이비리그 출신도 아닙니다. 시골 오클라호마에서 근로 계층 부모 밑에 태어나, 학부에서는 언어병리학과 청각학을 공부해 장애아동 지도교사로 일하기도 했지요. 이후 그리 유명하지 않은 로스쿨을 졸업하고 대학에서 강의를 시작하였는데, 워낙 강의도 열심히 하고 좋은 논문도 발표해서 좀더 큰 대학 교수로 옮기고 옮기고 하다가 평생 한 번도 인연이 없었던 하버드대 교수가 되어 지금은 이곳을 대표하는 교수가 되었습니다.

대가가 된 지금도 어찌나 공부하는 것을 좋아하는지 학생들이 질문을 하면 바로 '그건 『예일 로스쿨 리뷰』 지난 봄호에 어느 교수가 논문을 발표한 이슈인데……' 하면서 설명을 합니다. 강의를 듣다보면 교수가 학생보다 훨씬 눈을 더 반짝반짝거리면서 재미있어 죽겠다는 표정인 것을 읽을 수가 있습니다.

결례이겠지만 솔직히 그녀의 강의나 책을 보면 법경제학을 하는 유대인 학자들의 글에서 발견하는 천재적인 번뜩임 같은 것은 찾기 힘듭니다. 학생들의 복잡한 질문의 요지를 금방 알아채지 못해서 버벅거리는 모습을 보일 때도 있습니다. 하지만 모르면 모른다고 솔직히 인정하고 열심히 공부해온 후 다음 수업 시간에 처음부터 다시 설명합니다.

그녀는 죽는 날까지 행복할 것 같습니다. 그런 행복은 수단과 방법을 가리지 않고 일등만 하고, 일등 대학만 가고, 일등 지위에 오른다고 얻을 수 있는 것은 아닐 것입니다. 그녀가 하버드 교수가 되고 전국적 명성을 얻은 것은 그녀에게 자신의 주장을 사회에 펼칠 수 있는 '힘'을 주었고, 그녀가 그 '힘'을 최선을 다해 쓰고 있기 때문입니다. 만약 힘만 주어졌고, 그 힘을 무엇에 써야 할지에 대한 목적의식과 가치관이 없었다면 그녀는 하버드 교수가 된 이후로는 목에 힘만 주고 무위도식하다가 어느 순간 허무함을 느끼고 마는 삶을 살았을 수도 있는 것입니다.•

---

• 이 글 이후 시간이 흘러 워런 교수는 일생을 바쳐온 금융규제와 소비자보호를 위해 현실 정치에 뛰어들어 2012년 매사추세츠 주 상원의원으로 당선되었고, 민주당 내 유력한 대선주자 후보 중 하나로 손꼽히고 있습니다.

강한 힘에는 강한 책임이 따른다.

네, 영화 〈스파이더맨〉에 나오는 대사입니다. 강한 책임을 기꺼이 질 수 있는 가치관은 심어주지 않은 채, 손쉽게 강한 힘에 접근할 수 있는 지름길로만 애들을 내모는 것이 진정 아이들을 행복하게 하는 것인지도 고민해야 하지 않을까 싶습니다.

저는 여기서 만나는 한국 학생들에게 '나중에 뭐할 거니?'를 꼭 물어봅니다. 그리고 꼭 한마디 당부합니다. 뉴욕에서 돈도 많이 벌고, 하고 싶은 일도 맘껏 하되 언젠가는 꼭 한국에 돌아와서 후배들을 가르쳐다오. 너희들이 배우고 느낀 것을 잊지 말고……

우리도 분명히 바뀌고 있음을 믿습니다. 시작이 반인데, 문제가 있음을 알고 스스로 달라지려는 이들이 하나씩 둘씩 늘어난다면 이미 반절은 되어가는 것 아니겠습니까.

# 그래서
# 행복하세요?

—

1.

하버드 로스쿨 연수를 마치고 돌아온 후, 어느 외국어고등학교에서 법 관련 강연을 의뢰받아 강연한 일이 있습니다. 강연 전에 어느 정도 수준의 이야기를 하면 될지 물으니 외고 학생들은 법대 지망을 많이 해서 수시모집 혜택을 받기 위해 법무부 주최 법경시대회를 준비하려고 엄청 어려운 법 공부를 잔뜩 한다더군요. 그런데 그 법경시대회 문제를 찾아보고 깜짝 놀랐습니다.

• 소년법상 촉법 연령이 몇 세인가?

• 법의 해석 방법 중 당연 해석과 물론 해석의 차이는 무엇인가?

• 민법상 실종 선고의 요건은?


뭐 이런 디테일한 실정법 지식 문제들이었는데 이런 것을 고등학생들이 공부할 필요가 무엇인지 이해하기 어려웠습니다. 법의 존재 이유, 기본적인 법원리에 대해 공부하는 것이 그들 단계에서 해야 할 일 아닌가요.

외고라서 학생들이 나중에 유학도 많이 가고, 명문 로스쿨로도 많이 진학한다더군요. 그래서 한번 하버드에서 감명 깊었던 미국 로스쿨의 전통적인 수업 방식인 소크라테스식 문답법 Socratic Method(한 학생을 무작위로 지목하여 집요할 정도로 계속 질문을 반복하는 방식)으로 무작위 질문을 해보았습니다.

그런데 솔직히 놀랐습니다. 이 나라 최고 영재인 아이들이, 아주 기본적인 질문에 대답을 못하는 겁니다.

"왜 사회에는 법이 필요할까?"라는 질문을 던져보니 머뭇머뭇 한참 고민을 하더군요.

"나쁜 사람들로부터 착한 사람을 지키려고요……"

"그래? 그럼 나쁜 사람들에게는 법이 필요 없을까?"

오랜 침묵이 흐릅니다. 그래도 용사는 있더군요. 뒤에서 씩씩해 보이는 여학생이 손을 들었습니다.

"나쁜 사람도 지은 죄에 합당한 벌을 받으려면 법이 필요해요."

"빙고! 좋았어. 그걸 죄형법정주의라고 해. 사회 시간에 배웠지? 그럼 더 나가보자. 죄 지은 사람에게 법이 필요한 이유가 합당한 벌 외에 다른 것은 없을까?"

다시 오랜 침묵이 흐르는데 이건 좀 애들에게 너무 어렵다고 생각되더군요.

"미안, 좀 어렵지? 합당한 벌을 받기까지 또는 그보다 먼저 정말 법이 죄로 규정하는 행동을 한 것이 맞는지 확정하려면 '적법한 절차'라는 것이 필요해. 법의 존재 이유 중 큰 부분은 뜻밖에 사람들이 놓치기 쉬운 것인데, 개인의 권리와 자유를 사회가 제한하기 위해서는 심지어 그 사람이 나쁜 사람이라 하더라도 그 사람이 스스로를 방어할 수 있는 중립적인 '절차'가 보장되어야 하기 때문이야."

이렇게 흘러가다가 마무리 즈음에는 이렇게 던져보았습니다.

"오늘 많은 토론을 했는데 사실 난 이렇게 생각해. 정말 중요한 것은 좋은 답을 하는 것이 아니라 좋은 질문을 하는 거야. 좋은 질문을 할 수 있는 사람은 본질을 볼 줄 아는 사람이거든. 우리나라의 미래인 너희들이 정답만 잘 찾는 사람들이 아니라 우리 사회에 대해 꼭 필요한 질문을 하고 스스로 그 답을 찾아가는 사람들이 되었으면 좋겠다."

다행히 다들 몰입하며 경청해줘서 대견하더군요. 그런데 강의를 마치고 교실을 나가는데 웬 남학생 하나가 노트와 펜을 들고 다가오더니 이렇게 물었습니다.

"저…… 선생님, 그런데 좋은 질문을 할 수 있으려면 무슨 책을 공부해야 하나요?"

저는 돌아오면서 많은 생각을 했습니다.

과연 우리나라의 대치동 사교육, 특목고 수월성 교육을 받은 아이들이 세계의 젊은 엘리트들과 충분히 경쟁할 수 있을까? 한창 지성이 성장할 나이의 아이들에게 무의미한 지식만 주입하는 것은 아닐까? 자유롭고 주체적인 지성이 성장할 여유를 주고 있는 걸까?

이 잠재력 있는 아이들에게 필요한 것은 인류의 문화유산인 고전을 읽는 것, 자기가 좋아하는 것에 스스로 미쳐보는 것, 어른들의 낡은 논리가 아니라 말이 되든 안 되든 자신만의 주장이나 논리를 만들어보는 것 아닐까? 무엇보다 어른들이 만들어놓은 세상에 대해 끊임없이 '왜? 왜 이렇게 해야 하지?' 하며 의문을 가져보는 것이 필요한 것은 아닐까?

2.
쓰고 나니 아쉬웠던 부분만 쓴 것 같아 강연에 참가한 아이들에게 왠지 미안하고 불공정한 느낌이 들어 흐뭇했던 점도 적어봅니다.

평생 처음 판사를 직접 만나보는 강의시간에 질문해보고 싶은 것이 있으면 해보라고 했었습니다.

첫 질문은 "행복하세요?"였습니다.

생뚱맞아 보이시겠지만 저는 좋은 질문이라고 보았습니다. 왜냐하면 강연 전에 미리 제가 쓴 「서울 법대와 하버드 로스쿨」이라는 글을 학생들에게 메일로 보내주고 읽어 오라고 했었거든요. 이 학생의 질문은 그 긴 글의 핵심 중 한 부분을 꿰뚫고 있다고 보았습니다. 제가 하고 있는 일에서 진정한 행복을 느끼고 있는지에 대한 질문이니까요.

또 강의 중 가상의 사안을 주고 적정한 형을 정해보라는 질문을 하기 시작했습니다.

사례는 작은 항구 도시에서 선원으로 일하는 피고인이 처와 말다툼을 하던 중 맥주병으로 처의 머리를 때려 전치 3주의 상해를 가했다는 사안이었습니다.

이 사안을 이야기해주자 "어우~" "무기징역 무기징역"이라는 수군거림이—특히 여학생들 중심으로—나오더군요.

제가 답변하도록 선택한 학생은 여학생이었는데, 나중에 판사가 되고 싶다는 학생이었습니다. 적절한 양형을 해보라고 하자 한참을 고민하던 이 학생의 대답은 "……좀더 많은 사항을 알아야 형을 정할 수 있을 것 같아요"였습니다.

전 솔직히 깜짝 놀랐습니다. 정말로 판사 같은 답을 하다니요! 칭찬을 해준 후 사안을 단계적으로 구체화시키며 각 변수에 따라 어떻게 양형을 달리하는지 계속 물어보았습니다. 피고인의 당시 음주 여부, 전에도 같은 폭행을 한 적이 있는지, 피해자는 엄벌을 원하고 있는지 등……

그런데 이 친구는 제가 일부러 안 좋은 양형 요소 쪽으로 계속 몰아가도 선뜻 중형을 선택하지 않더군요. 질문은 점점 더 깊이 들어가, 피고인이 성장과정에서 무학의 선원인 아버지가 상습적으로 어머니를 구타하는 것을 보고 자랐고, 자신도 구타당하며 컸으며, 빈곤으로 초등학교를 중퇴하여 제대로 된 교육도 받지 못했고, 선원의 세계에서는 폭력이 일상화되어 어지간한 정도로는 죄의식도 없다면? 피해자인 처 역시 거친 환경에서 자라서 평소 부부싸움을 할 때 남편 못지않게 폭력을 행사하는 편이며, 이날도 피고인이 돈을 함부로 쓴다면서 피해자가 먼저 피고인에게 물건을 집어던져 다치게 한 것이 발단이라면? 더 나아가 여러분의 가정과 같이 대도시의 교육받은 중산층 가정의 경우와 욕설과 폭력이 일상화되어 심각한 상해만 아니면 서로 암묵적으로 용인하는 문화가 형성된 계층의 경우에 같은 양형 기준을 적용하는 것이 맞는지 등으로 가지를 쳐나갔습니다.

처음에 "어우~" "무기징역 무기징역" 하고 떠들던 아이들은 점점 진지한 고민에 빠지는 듯했습니다. 그리고 판사를 지망하던 여학생은 계속 신중하게 심사숙고하며 대답하는데, 앞의 피고인에 관한 여러 가지 특수성을 감안하면 형기를 다소 감경할 수는 있지만 실형을 선택할 것이며, 기본적으로 어느 계층이든 같은 기준을 적용해 형을 정하는 것이 맞다고 생각한다고 하더군요.

오랜 시간 이 학생을 괴롭힌 저는 고개를 끄덕이며 "네, 처음부터 말했지만 오늘 제 질문에는 정답은 없습니다. 다만 지금 학생이 한 고민이 바로 판사가 하는 일입니다"라며 학생을 풀어주었습니다.

결국 앞에서 아쉬운 면을 위주로 썼지만 결국 그건 저의 과욕이자 우리나라 교육 시스템에 관한 아쉬움이고요, 이 하나 하나의 아이들을 보면서는 큰 희망을 많이 품게 되었답니다.

전에 우리나라 외고 학생이 네팔에서 봉사활동을 했던 경험을 토대로 극빈국 네팔의 미래성장전략으로 화훼산업과 관광산업을 제시하면서 「꽃으로 뒤덮인 히말라야를 바라며」라는 글을 현지 영자신문에 기고해서 큰 반향을 일으키고 나중에 UN 주최 대회에서 대상을 받기도 했다는 기사를 읽은 적이 있습니다.

당장에는 우리나라의 미래가 암울해 보일 때도 있지만 장기적인 눈으로 보면 우리나라같이 모든 분야에서 대단히 발전하고 있는 기적 같은 나라는 없다고 생각합니다.

**2부**

판사들의
대나무숲

●

2012년에 처음 부장판사로 발령받은 후 '초임 부장 일기'라는 제목으로 법
관게시판에 연재했던 글들입니다. 주로 법원 내의 경직된 조직문화와 소통
문제에 대해 판사들끼리 한번 솔직하게 털어놓고 이야기해보자는 취지로
썼던 글들이지요.

# 침묵의
## 공포
—

　　　　　　　법원 구내식당에서 보통 부장판사 한
분과 젊은 배석판사 두 분으로 구성되는 재판부의 식사하는 모
습을 보다보면 여러 가지 재미있는 모습을 발견할 수 있습니다.
부장판사님 혼자 열변을 토하고 계시고 배석판사님들은 고개만
끄덕거리고 있는 모습, 부장님이 초 스피드로 식사를 마치고 수
저를 탁 내려놓음과 동시에 벌떡 일어나시자 식사를 채 마치지
못한 배석판사님들도 허겁지겁 따라 일어나는 모습, 그중 가장
공포스러운 것은 세 사람이 묵언수행중인 고승들처럼 말 한마디
없이 시선을 아래로 떨군 채 규칙적으로 수저만 음식에서 입으
로 왔다갔다하는 모습……

갑자기 떠오르는 기억이 하나 있습니다. 엄하기로 소문나신 법원장님이 매주 한 번 법원장실에서 판사들 티타임을 갖자고 하시더군요. 작은 법원이라 소파에 정자세로 죽 둘러앉았는데 원장님께서 한참을 아무 말씀도 안 하고 앉아 계시다가 "하고 싶은 이야기들 해보세요" 한마디하시고는 무표정한 얼굴로 가만히 계시는 겁니다.

주제도 발언자도 정해진 것이 없는 상황에서 먼저 나서는 것을 싫어하는 법원 문화상 다들 서로 눈치만 보면서 두 손은 무릎에, 시선은 원장님과 마주치지 않도록 탁자 위에 고정하고는 머릿속으로 '빨리 누가 적당한 말 한마디해야 될 텐데……' 되뇌었지요. 침묵은 길어지는데 괘종시계 초침 소리만 째깍째깍. 그 소리가 어찌나 크게 들리던지(아직도 가끔 그 초침 소리가 환청으로 들리곤 한다는……).

침묵의 공포가 워낙 크기 때문에 혼자 열변을 토하는 부장님들이 그나마 편하다는 것이 배석판사들의 여론인 것 같더이다. 한 귀로 듣고 한 귀로 흘리면서 가끔 맞장구만 쳐드리면 되니까요. 이런 유형의 부장님들은 경험도 지식도 많으시고 세상 모든 것에 호기심과 열정이 많으시기 때문에 이야기해주고 싶은 것도 너무너무나 많으신 분들이지요(이하 편의상 이런 인물 유형을 '원맨쇼형'이라고 부르겠습니다).

원맨쇼형의 문제는 대체로 재미있고 유익한 말씀이지만 이야기는 대부분 네버엔딩 스토리인지라 듣다가 지치고, 대화가 오고가는 것이 아니라 한 사람이 일방적으로 전달하고 나머지는 들으며 맞장구만 쳐야 하는 수동적 지위에 놓이게 된다는 것이죠. 말씀하시는 분은 자기 이야기에 도취되어 잘 모르겠지만 일정 시간이 지난 후에는 이미 듣는 이들이 듣는 척만 할 뿐 시선은 시계로만 향하기 마련입니다.

그럼 어떻게 해야 할까? 저는 그 해답을 TV 예능 프로, 토크 프로에서 발견하곤 한답니다. 〈무한도전〉〈라디오스타〉〈힐링캠프〉〈해피투게더〉 같은 예능 프로는 초 단위로 시청자의 관심을 붙잡아야 하는 치열한 전쟁터입니다. 거기서는 아무리 재미있고 달변인 출연자라 하더라도 이야기가 조금만 길어지면 가차없이 견제구가 날아오고, '편집'의 칼날을 맞게 되지요. 한때 입만 열면 빵빵 터지게 만들던 재치 넘치는 스타들도 어느새 이야깃거리 떨어지면 도태되고 맙니다.

그런데 그 전쟁터에서 기적적으로 롱런하면서 '일인자'의 지위를 유지하고 있는 이가 있지요. 바로 유재석입니다. 그런데 잘 보면 이 사람이 토크쇼에서 길게 이야기하거나 엄청 재미있는 개인기로 웃기거나 하는 일은 잘 없습니다. 그가 잘하는 것은, 제가 보기에 바로 '적극적으로 듣기'입니다. 이는 그냥 사람들에게 말해보라 하고 가만히 앉아 듣는 '소극적으로 듣기('째깍째깍' 참조)'와는 다릅니다.

적극적으로 듣기 위해서는 먼저 대화 참여자들이 편안하게 이야기할 수 있는 분위기부터 조성해줘야 합니다. 적절한 농담으로 분위기를 풀어주는 것이 좋지요. 그중에서도 가장 좋은 것은 자기 자신을 낮추는 농담. 다음으로는 적절한 질문으로 상대방의 이야기를 적절히 유도해야 합니다. 그 사람이 관심 갖고 있는 화제를 살짝 제기하면서 멍석을 깔아주는 것이죠. 물론 그러려면 평소 대화 상대방에 대해 관심을 갖고 있어야겠지요.

그러고는 상대방의 이야기를 잘 들어주면서 리액션을 해줘야 합니다. 이야기하는 동안의 눈 맞추기eye contact, 이야기 중간이나 말미에 적절한 감탄사나 "그래서 어떻게 됐어?" 같은 적절한 후속 질문을 추임새처럼 해줘야 하는데, 관심도 없으면서 기계적으로 영혼 없는 리액션을 하면 다 티가 나게 되어 있습니다. 그래서 예능 프로에는 말주변이 좋지 않지만 롱런하는 '리액션의 달인'들이 있습니다. 그것도 쉬운 일이 아닌 중요한 역할이거든요.

또한 대화 참가자 중 한 명의 이야기가 길어지고, 대화에서 소외되는 사람이 나오기 시작하면 적절히 마이크를 넘기는 기술도 시전해야 합니다. "그런데 이 판사는 어떻게 생각해?" "아, 근데 김 판사님도 그 책 읽었다고 하지 않았어요?"

기분 나쁘지 않게 말이 길어지는 사람의 말허리를 자르고 들어가는 것은 정말 고난도의 스킬이지요. 고기 굽는 것 이상의 칼날 같은 타이밍을 요합니다.

내성적이고 말을 많이 안 하는 사람은 보다 적극적이고 후견적으로 대화에 참여시키고, 더 열심히 리액션을 해줘서 흥이 나게 해주어야 하는 것은 물론이겠죠.

자, 이쯤 되면 에구 난 힘들어서 그렇게까진 못하겠으니 그냥 '묵언수행형'으로 살련다는 분들도 있겠지요. 그래도 최소한 판사들은 이를 쉽게 포기하면 안 됩니다. '적극적으로 듣기'는 사실 법관들에게 직업적으로도 요구되는 핵심적인 역할이 아니겠습니까? 살아 있는 법정, 소통하는 재판이 되려면 재판장은 원맨쇼형도, 묵언수행형도 아닌 '토크쇼 MC형'이어야 할 것 같습니다. 물론 사석에서와는 다른 품격과 절제가 필요하겠지만 대화나 소통의 핵심은 다를 수 없습니다.

뿐만 아니라 가정에서도 마찬가지죠. 명절날 대가족이 모여서는 다 같이 묵묵히 TV만 보고 있는 진풍경, 부부 사이의 대화 부재, 사춘기를 맞은 자녀들에게 느끼는 막막한 단절의 벽, 이모두가 평소 대화하는 방법 아니 자세가 잘못되었기 때문인지 모릅니다.

결국 '대화의 기술'이란 별것이 아니고 배려와 역지사지인 것 같습니다. 말하는 내 입장보다 듣는 상대방의 입장을 먼저 생각하는 것이죠. 그리고 그 생각을 실천하려면 절제가 필요합니다. 너무너무 하고 싶은 이야기가 있어도 듣는 상대방을 생각해서 가능하면 본론부터 짧게 이야기하고, 이야기하면서 듣는 상대방들이 계속 관심 있어 하는지, 지루해하는지, 또는 그 화제를 불편해하는지를 잘 살피고 내가 잘 아는 이야기라도 끼어들지 말고 상대방에게 이야기할 기회를 주고……

결국 모두가 주연이고 싶어하지, 조연이고 싶어하는 사람은 거의 없지 않겠습니까. "난 팀의 주역이 아니라도 좋다!"고 독백하면서 골 밑 찬스에서 다른 사람에게 공을 패스를 하는 『슬램덩크』의 변덕규처럼 대화에서도 자기만 주역을 하려 들지 말고 패스를 해주는 것이 팀플레이겠지요.

다 귀찮고, 남이야 어떻게 보든 내 하고 싶은 이야기는 속시원히 맘껏 다 하면서 살련다 하는 분들은 가만히 떠올려보십시오. 심야의 지하철 2호선, 한적한 좌석에 앉아 술이 거나하게 취해 옆자리에 앉은 죄 없는 학생이나 아가씨를 붙잡고 한참 동안 고성으로 훈계를 늘어놓고 우국충정을 토로하는 노인 분의 모습을.

참 슬픈 풍경이지요. 사회적 동물인 인간에게 대화할 상대가 없다는 것은 사회적 죽음과도 마찬가지인 비극입니다. 그리고 비극의 상당 부분은 자신이 자초해왔음을 모른 채 자신을 왕따시키는 가족과 사회를 원망하기 마련이고요.

네, 그런데 절제를 이야기하면서 이 글 또한 참으로 수다스

럽고 길어졌군요. 제가 참 좋아하는 금언인 영화 〈친절한 금자
씨〉의 명대사를 되새기며 반성하겠습니다.

　"너나 잘하세요."

불편한
진실

—

## 삼각편대 비행

입사 초기 점심시간, 서초동 일대에 식사하러 나갔다 올 때 보면 누가 판사들인지 쉽게 구별할 수 있었습니다. 연장이신 분이 가운데, 좀 젊은 두 분이 그 좌우에 서되 미묘하게 한 발 정도 뒤에 서서 삼각편대 비행을 하고 있고, 상당히 높은 확률로 셋 다 뒷짐을 지고 있다면(심지어 이십대로 보이는 젊은 분까지도) 재판부가 틀림없더군요. 언젠가 법원에서 수련회를 갔는데 바닷가에서 갈매기가 삼각편대로 날아가는 것을 보자 어느 판사님이 "아, 재판부 갈매기다!"라고 했을 정도로……

초임 배석 시절에도 다소 맹랑했던 저는 왠지 편대 비행이

어색하고, 솔직히 남들 보기에 권위적이고 부자연스럽게 보이지 않을까 하는 생각도 있어서 어느 날 일부러 걸어가면서 부장님 왼쪽에 안 서고 우배석 판사님 옆으로 공간 침투를 해보았습니다. 부장님이 제일 왼쪽, 가운데 우배석, 오른쪽에 저 이렇게 나란히 걷게 된 거죠.

그런데 그 순간 공간의 일그러짐이랄까, 물리적으로 설명할 수 없는 묘한 에너지의 파장이 강력하게 느껴지는 것이었습니다. 이야기를 나누며 걸어가는데 묘한 긴장감이 은연중에 흐르고, 특히 가운데에 선 우배석이 뭔가 위화감을 견디지 못하더니 마치 자석의 같은 극끼리 접근시켰을 때 나타나는 현상처럼 부장님 왼편으로 스르륵 순간이동하시더군요.

……왜 이러는 걸까요?

## 문명의 충돌

역시 서울법원종합청사에서 엘리베이터를 타고 내릴 때 잘 관찰해보면 새뮤얼 헌팅턴적인 '문명의 충돌'을 볼 수 있습니다. 늘 붐비는 서초동 엘리베이터에는 다양한 기수의 법관들이 타지요. 그런데 문이 열리면 누가 먼저 타는지, 내릴 때는 누가 먼저 내리는지, 열림 버튼은 누가 누르는지 등이 성문화되어 있지는 않지만 암묵적인 규칙이 존재하는 것 같습니다. 탈 때는 그래도 괜찮은데 만원 엘리베이터에서 내릴 때 장엄한 풍경을 보게 될 때가 있지요.

관습법에 따라 제일 안쪽, 등을 기댈 수 있는 곳에 제일 상서열자 분들이 타고 계신데 내릴 때 문이 열리면 그 앞쪽에 차례로 서 있는 하서열자들이 먼저 내리지 않고, 모세의 기적처럼 양쪽으로 밀착하여 길을 내어 뒤에 계신 분들이 먼저 내리시도록 합니다.

버튼 앞쪽에 있는 사람들은 너무나 열심히 열림 버튼을 누르는데, 분명히 기능적으로는 한 명만 누르면 족한데도 이유는 알 수 없지만 좌우에서 모두 누르는 데다가 심지어 문 바로 앞에 서 있다가 열릴 때 밀려서 본의 아니게 내려버린(!) 이까지 밖에서 함께 열림 버튼을 누르거나 처연하게 엘리베이터 문을 손으로 붙잡고 있기까지……

이 질서에 카오스를 가끔 가져오는 경우는 젊은 여성 법관이 엘리베이터를 기다리는 일행 중에 섞여 있을 때입니다. 각자 위치에서 누군가는 열림 버튼을 누르고 누군가는 옆으로 비키며 자연스러운 흐름을 만들고 있는데, 연장이신 부장님께서 굳이 젊은 여성 법관에게 먼저 타라고 양보하시는 경우지요. 여성 법관은 자기보다 훨씬 연장이거나 기수가 높은 분들이 옆에 비켜 있는데 냉큼 타기 곤란하여 눈치만 보고, 부장님은 어여 타라고 아빠 미소를 짓고……

이 짧은 순간에 기원전 4세기 맹자 시대로 거슬러올라가는 유교문화권의 사회적 기본질서인 '장유유서'와 중세 유럽의 기사도 정신에서 유래하는 것으로 알려진 서구문화권의 '레이디 퍼스트'가 충돌하는 것이지요. 결국 영점 몇 초 사이에 인류 문명의 두 흐름이 부딪히는 동안 아무도 엘리베이터에 타지 못하는 교착 상태를 관찰하게 됩니다.

　……왜 이러는 걸까요?


### 신성한 방석

불편한 진실은 여기서 끝나지 않습니다.

법원장이나 수석부장판사가 주최하는 회식 자리가 한식집에서 개최될 때, 주최자보다 먼저 참석자들이 방에 모여 있게 되지요. 그런데 묘하게도 밥상과 방석이 자리마다 놓여 있는데도 아무도 앉지 않고 애매하게 서서 기다리게 됩니다. 어차피 주최자가 앉을 상석은 정해져 있어 각자 자리에 일단 앉아서 담소를 나누며 기다리다가 도착하시면 일어나서 예를 표해도 될 것 같은데 말이죠. 마치 방석을 둔부로 건드리는 것이 신성모독에 해당하는 양 정말 애매한 자세로 삼삼오오 서 있거나, 그중 용기 있는 소수는 앉기는 앉되 방석이 아닌 구석 맨바닥에 일시 거처를……

　……도대체 왜 이러는 걸까요?

## 같지만 다른 관계

김두식 교수의 『불멸의 신성가족』이라는 책에서는 이러한 법조계 조직문화의 사례를 익명의 인터뷰를 통해 소개하면서 비판적인 시각으로 그리고 있습니다.

그런데 찬찬히 생각해보면 문화라는 것은 다수결이나 합리성에 따라 형성되는 것이 아니라 공동체 내부에서 자연발생적으로 형성되는 것이므로 뭔가 연원이 있을 것 같습니다.

기본적으로 유교문화권의 기본질서인 장유유서는 집단 무의식의 핵심에까지 자리잡고 있는 가치라고 할 수 있지요. 게다가 법원에서는 기본적으로 연수원 기수를 중심으로 한 서열이 오랫동안 인사, 사무 분담 및 일상적인 의전에 이르기까지 중요한 기준 역할을 해왔습니다. 부작용도 있지만, 인사가 예측 가능하여 법관의 독립성을 저해하지 않고, 다들 뛰어나고 자존심도 강한 법관 사이에서 수용 가능한 획일적인 기준으로 기능하는 점 등 불가피한 면이 있었다고 생각합니다.

그리고 법관 집단은 삼십대부터 육십대까지 다양한 연령과 경험치를 가진 이들이 대등한 법관이라는 지위를 공통적으로 가지는 매우 특수한 집단이라는 점이 중요합니다. 기업을 비롯한 일반적인 집단에서의 모습은 연령이나 경력, 상하 직급이 비례하여 각자의 위치가 수직적으로 구분되어 있지요. 상급자와 하급자 개념이 존재하고 지휘감독 관계가 존재합니다.

하지만 법관은 그 권한과 지위가 기본적으로 대등합니다. 삼십대 초임 판사도 판사고, 정년을 앞둔 육십대 판사도 판사입니다. 법원장이 아니라 대법원장도 행정적인 부분이 아닌 재판 내용에 관해서는 절대 관여할 수 없습니다.

역설적으로 이런 특수성 때문에 오히려 더 엄격한 일상에서의 법조 예절과 서열주의가 발달해왔다는 가설을 세워봅니다. 장유유서가 엄격한 한국사회에서 연령과 경험차가 큰 집단을 모두 대등한 지위에 묶어놓으니 집단 내부에서 다른 방법으로 차이를 두고 위치에 따른 예우를 하는 암묵적 질서가 생성되는 것이지요. 어떻게 보면 자연스러운 문화 현상인 것입니다.

경력이 긴 부장판사와 경력이 짧은 배석판사가 합의부를 구성해 함께 재판 업무를 담당하는 부장-배석 관계에서 발생하는 상당수 갈등의 연원도 마찬가지입니다.

누구나 법관을 꿈꿀 때 그리는 모습은 가장 흔히 접해보았을 미국 법관 모습인데, 이는 대부분 사십대 이상의 연륜 있는 법조 경력자로 구성되어 출발점부터 훨씬 동질적이고 대등할 수밖에 없는 법관 사회의 모습입니다.

그런데 우리는 젊은 엘리트를 조기에 선발해 경험이 풍부한 부장판사와 합의부를 이뤄 일을 하면서 배우도록 해 법관을 양성하는, 본질적으로 길드 내에서 도제식 수업으로 인재를 양성하는 유럽의 역사적 전통에 가까운 법관제도를 가지고 있습니다. 그러다보니 부장-배석 관계는 법적으로는 대등한 합의부의 구성원으로서 합의해야 하는 관계이면서도, 실질적으로는 교육적인 기능을 수행하는 유사 사제관계이기도 하고, 실질적인 근무성적 평정자와 피평정자의 관계에 놓이기도 하는 참으로 모순적인 관계입니다. 그러다보니 각 관계가 충돌하는 면이 발생할 수밖에 없는 것이지요.

### 변화의 시작

그런데 이제는 이 문화의 물적 토대가 변화하기 시작했습니다. 한국사회에서 유교적인 수직관계를 기본으로 한 사회윤리의 영향력이 과거보다 급속하게 감소하고, 서구식 합리주의와 개인주의의 영향력이 계속 커지고 있습니다.

십여 년 가까이 이어진 법관 증원의 결과, 법관사회에서도 포스트 386세대로 불리는 민주화 이후 세대가 다수를 차지하게 되었고 특히 수직적 인간관계의 극단인 군대문화를 경험하지 않은 여성 법관이 급증하고 있습니다.

더욱 중요하게는 법관제도 자체가 미국식으로 바뀌고 있다는 것입니다. 일련의 사법개혁으로 인하여 변호사나 검사로 일정 기간 일한 경력자가 법관으로 임용되는 법조일원화 시대로 접어들게 되고, 로스쿨을 졸업한 후 법관을 보조하는 재판연구원이 생겼으며, 비슷한 경력의 법관끼리 재판부를 구성하는 대등 경력 재판부가 늘어나고, 법원장이 다시 재판부로 복귀하는 순환보직제가 실시되며, 경력 법관의 사직이 줄어 전체적으로 정년까지 근무하는 평생법관제로 발전하고 있습니다.

머지않아 우리 법관사회도 미국처럼 경험 많은 단독판사와 이들의 대등한 합의체 그리고 젊은 재판연구원들로 구성되게 되겠지요. 그에 따라 문화의 측면에서도 자연스럽게 대학교수사회와 같이 서로 존중하되 보다 대등한 문화가 주류를 이루게 될 것이라고 봅니다.

어차피 변화의 방향이 그러하다면 과거의 관행에 얽매이기보다 먼저 변화를 선도하는 것이 멋지지 않을까요? 여기에는 몇 가지 중요한 이유도 있습니다.

먼저 이 변화의 시기에 계속해서 훌륭한 인재가 법관직을 지망할 수 있으려면 직장으로서의 매력도 중요합니다. 요즘 세계 어디서나 가장 매력적인 직장, 선진적인 조직으로 손꼽히는 곳은 일은 치열하되, 직장에 일과 놀이가 공존하고, CEO도 신입사원도 청바지를 입고 마주하여 난상토론을 벌이기도 하고, 자기가 근무하는 책상과 주변에 장난감 기찻길도 만들고 정글처럼 꾸미기도 하는 구글, 애플 같은 기업들입니다. 젊다는 이유로 위축되지 않고 재능을 펼칠 수 있는 자유로운 분위기가 없는 조직에 젊은 재능이 찾아들지는 않을 것입니다.

보다 중요한 점은 비록 기본적으로는 연장자에 대한 존경과 예우에서 비롯한 법조 예절이라 하더라도 그것이 너무 형식화되고 경직되면 외부에서 보기에는 마치 상명하복의 수직관계로 비치거나, 합의부 내에서 대등한 합의가 이루어지지 않는 것으로 보이거나, 상서열자나 사법행정권자가 재판에 영향력을 행사할 수 있는 것으로까지 보일 수 있다는 것입니다. 법관은 공정할 뿐만 아니라 공정성의 외관까지도 갖추어야 한다는 점에서 볼 때, 법관 사회의 문화가 수직적인 위계질서에 기초한 것으로 비치는 것은 사법 신뢰를 해칩니다.

### 영정 사진도 아닌데…

에구, 이야기가 너무 길어지고 딱딱해진 것 같습니다. 그냥 어려운 이야기 다 필요 없고요, 초임 부장의 소감은 이렇습니다.

이제 겨우 햇병아리 부장이지만 화장실에 다녀올 때 복도에서 마주친 다른 방 배석판사님들이 후다닥 달려와 스크린도어를 먼저 열어주시거나, 제발 그러지 마시라고 몇 번 말씀을 드려도 하루에도 몇 번씩 제 방에 들어오는 배석판사님이 꾸벅 인사를 하실 때, 전 슬퍼지더이다.

예절에서 중요한 것은 자연스럽게 배려하는 마음이지 형식이 아닐 것입니다. 그리고 문화의 변화는 조금이라도 손윗사람들이 먼저 문을 여는 것이 평화로울 것이고요.

어려울 것 없습니다. 그냥 자연스럽게, 자기가 손위라는 의

식조차 없이, 문 옆쪽에 선 사람이 문을 열고, 두 손이 말짱하니 알아서 자기 숟가락 젓가락 가져오고, 제사상에 놓인 영정 사진도 아닌데 회식 참석자 전원이 무릎 꿇고 잔 올리는 걸 당연히 여기지 말고, 어차피 일도 많고 바쁜 와중에 용건이 있으면 옷 갖춰 입고 찾아올 필요 없이 전화로 이야기하고, 늘 먼저 환하게 인사하고 말 걸고.

이러다보면 깍듯하게 윗분을 모시는 '예절 바른 아랫사람'은 잃을지 모르지만 대신 '편안하게 어울리고 대화할 수 있는 동료이자 후배'는 많이 얻을 수 있을 것 같습니다. 만약 시간이 지날수록 주위에 전자만 가득해진다면 아무리 높은 기수, 높은 직책이라도 '평생법관'이란 참으로 외로울 것 같습니다.

# 사랑과
# 전쟁

—

왜 '사랑과 전쟁'이냐고요? 저는 예전
부터 부장-배석판사 간의 갈등 문제에 관심이 많아서 양쪽 입장
의 다양한 이야기를 꽤 많이 청취해왔습니다. 그런데 그때마다
느끼는 것이 이 갈등이 며느리가 미우면 뒤꿈치까지 미워 보인
다는 식의 가정 내 갈등, 특히 부부 간의 갈등과 비슷한 면이 많
더라고요.

그래서 감히 초임 부장 주제에 〈부부클리닉 사랑과 전쟁〉의
신구 선생님 코스프레를 하면서 부장-배석판사 간의 일반적인
문제에 대해 이야기해보고 싶습니다.

다만 이번에는 글의 정확성에 대한 확신이 없이 시작하게

되는데, 이러한 갈등 문제에 대해 관심과 간접경험은 많으나 직접경험은 부족하기 때문입니다. 배석판사 생활을 십 년 넘게 하긴 했는데 목화씨를 들여오신 조상의 은덕 덕분인지 삶을 힘들게 만드는 부장님, 이른바 '벙커' 부장님을 모셔볼 기회가 없었습니다. '벙커'는커녕 역대 모셨던 부장님들을 떠올리면 멘토, 스승, 천사, 부처님, 관세음보살, 미륵보살 등의 단어만 떠오르네요. 정말 후임들에게 권리금을 받았어야 하는데…… 가장 최근만 해도 그 힘들다는 서울고등법원 배석판사 이 년 동안 야근도 많이 안 하고, 꼬박꼬박 휴가도 갔으니 요즘도 가끔 교대역 방향으로 절을 하곤 한답니다.

그런 절차로 부장으로 내려오면서 스스로 어떤 벙커 배석을 만나게 되더라도 그동안 누린 행운을 생각하며 절대 불평하지 않으리라 다짐했는데, 배석판사님들도 너무 훌륭하신 거예요! 게다가 참여관님, 실무관님, 법원경위님, 부속실 주임님까지 모두 너무 일을 잘해주시고 정말 저만 덤벙대서 문제인 상황…… 역시 나는야 럭키 가이!!

여하튼 글을 읽다가 '그건 니가 제대로 못 겪어봐서 그래' 하며 고개를 저으실 수도 있지만 한번 어설프나마 제 가설을 읽어봐주세요. 부장이 일반적으로 배석에 대해 갖는 '오해와 진실' 편입니다.

## 왜 우리 배석이 납품하는 판결은 *!***!!@@###**(평화를 위해 검열 조치)한 것일까?

지난 일 년 동안 먼저 부장판사로 나간 친구와 선배들에게 참으로 많은 배석 괴담을 들었는데, 그중 가장 빈도수가 많고 처절한 것은 판결 수정(내지 재작성)의 고통이었습니다. 배석판사님들이 선고 전날 퇴근시간에 판결 초고 납품(배석판사가 판결 초고를 완성하여 재판장에게 주는 것을 판사들끼리 농담 섞어서 납품이라고 부릅니다) 후 사뿐히 퇴근했는데 부장은 새벽 4시까지 판결 초고를 고치고 고치다가 포기하고 결국 처음부터 새로 쓰며 날을 새고 말았다는 패턴이지요. 이런 이야기에 바로 뒤따르는 것이 우리 때는 안 그랬는데 왜 그러는지 모르겠다는 한탄입니다.

하지만 이런 생각은 고대 이집트 시대 파피루스에도 '요즘 애들은 왜 이럴까?' 어쩌고 하는 이야기가 써 있다는 말처럼 오류일 가능성이 많다고 봅니다.

먼저 '개구리 올챙이 적 생각 못하는 오류'입니다. 보통 부장판사 되기 직전 4년여는 고등법원, 대법원에서 근무하며 판사 생활에서 가장 복잡한 판결을 많이 쓰는 시기일 경우가 많고, 이에 따라 눈높이가 한껏 높아졌을 수 있습니다. 반면 배석은 이제 갓 발령받아 재판을 처음 해보는 경우가 많습니다. 그리고 복잡다양한 분쟁들의 구조에 익숙해지기 전이지요.

구조는커녕 용어도 생소할 때가 많습니다. 초임 판사 시절, 저는 법정에서 부장님이 자꾸 '소정혜'인지 '소정예'인지 하는 여자를 증인으로 채택하시길래 '그 여자 참 오지랖도 넓구나. 이 사건 저 사건에 이름이 나오네' 하고 생각한 적이 있었답니다. 뒤에 알고 보니 '소정외 증인 신청(아직 증인 이름을 모르거나 둘 중 누구를 신청할지 정하지 못한 경우, 일단 이름을 정하지 않은 채 한 명을 신청한 후 나중에 서면으로 특정하여 제출하는 방식)'이더군요.

아마 그 시절 부장님들도, 지금은 부장판사인 당시의 배석들이 써 오는 판결을 보면서 '도대체 요즘 애들은 연수원에서 뭘 배워 오는 거야'라면서 한탄하지 않으셨을까요?

생각 이상으로 법관의 일은 오랜 경험 속에 습득되는 면이 많습니다. 판결문 작성도 많은 경험이 쌓여야 비로소 무엇이 꼭 써야 하는 것이고 무엇은 굳이 쓸 필요 없는지 등에 관한 '감'이 생기는 것 같아요. 처음에는 당연히 감도 없고, 자신감도 없는데 매주 납품은 해야 하니 우선 기존 판결문 중 유사한 것을 찾아 모방하는 단계를 거칠 테고, 그러다보면 잘못 꿰어 맞춰서 이상해지는 경우도 생기겠지요. 그런데 부장님들도 예전에 다 그런 단계를 거쳐오셨는데 잊어버리신 것 아닌가요?

'아무리 그래도 나는 초임 때 그러지 않았어!'라고 주장하시는 부장님들께는 사건 자체가 십여 년 사이에 질적으로 달라졌다는 것도 말씀드리고 싶습니다.

고등법원 민사부에서 1심 판결들을 보면서 느낀 것은 예전 제가 민사합의부 배석이던 때보다 복잡하고 어려운 사건이 참 많구나, 그런데 아직 경력 짧은 배석판사님들이 참 용하게 잘 정리하셨구나 하는 것이었습니다.

고시 공부를 하던 시절 법학도서관에서 1970년대의 법학 서적이 1990년대 수험서들에 비하면 수필집처럼 얇게 느껴져서 '옛날에는 공부할 것도 없었겠네, 뭐' 하는 건방진 생각을 한 적이 있습니다. 부장님들이 초임 시절 쓴 판결을 지금 배석판사님들이 봐도 같은 생각을 하진 않을까요?

결론적으로 부장님들께 드리는 제 처방은 '눈높이를 낮추시라!'입니다. 가끔 돌연변이로 판결을 성숙하게 잘 쓰는 분도 있겠지만 그쪽이 비정상이고, 아직 미숙한 쪽이 정상입니다. 물론 미숙하지만 성장 가능성은 무궁무진한 분들이고요. 이전보다 혹독한 경쟁을 이겨내고 입사한 분들인데 포텐셜이 없을 리 있겠습니까?

날고 기는 루키 투수들을 드래프트 일순위로 뽑아 온 것인데, 코치진이 첫해부터 실전 등판시켜보고는 미숙하다고, 도대체 뭘 배워 온 거냐고 타박만 해서야 되겠습니까. 유능한 코치라면 잘 가다듬어 능숙한 선수로 양성해내겠지요.

그래서 판결을 고칠 때에는 과외선생님 이상으로 왜 이 부분이 문제이고, 왜 이렇게 쓰는 것이 나은지 상세히 설명하고, 부장이 놓친 부분도 있을 수 있으니 반대 의견도 들어 보는 것이 좋다고 생각합니다. 반복적으로 틀리는 부분은 분명하게 지적해 고치도록도 해야 하고요.

그냥 물음표만 치거나 막연히 다시 써 오라고 하는 염화시중拈華示衆 심심상인心心相印식 수정이나 배석 자존심 안 다치게 손수 알아서 다시 쓰고 마는 우렁각시형 수정은 모두 교육적 기능 수행에 부족할 수 있다고 봅니다.


**우리 배석은 한국어를 잘 모르는 것이 아닐까?**

주로 판결 초고에 명백한 오기, 맞춤법 오류, 띄어쓰기 오류 등이 난무하는 경우 부장님들이 호소하는 의문이지요. 어느 연수 때 어떤 부장님은 '제발 판결 첫 페이지에 있는 형식적 기재 사항만이라도 틀린 게 없으면 좋겠다'는 애달픈 말씀을 하시더군요. 사법고시에 귀국자녀 특채가 생겼다는 말을 들어본 적이 없으니 이렇게 된 데는 다른 이유가 있겠지요.

각종 오기, 오류 등은 결국 마감공사가 부실한 것인데 부끄럽지만 제게 바로 그런 고질병이 있습니다. 전형적인 B형 남자인데다가 자유분방한 성격 탓이라고 스스로 합리화하고 있습니다만 글이든 판결이든 빨리 쓰는 편이긴 한데, 꼼꼼히 퇴고하는 버릇을 들이지 못했어요.

그러다보니 실수가 잦은데, 초임 배석 때는 한 달 동안 선고한 모든 판결의 선고일 연도를 전년도로 잘못 쓴 것을 뒤늦게 발견하고 한 달치 판결을 모두 경정결정(판결문에 명백한 오기 등 단순 실수가 있을 경우 이를 고치는 결정)하는 엽기적인 만행을 저지른 적도 있음을 눈물로 고백합니다. ㅠㅠ

그후 부장님께서 서명날인 전에 우배석 판사님과 판결을 서로 바꿔 보면서 크로스체크를 하라고 하셔서 그렇게 했는데 매주 제 것에서는 실수가 튀어나오는…… 우배석 판사님 판결문을 새로 뽑게 한 것은 딱 한 번. 이유는 제가 그분 판결문 넘기다가 엄지손가락에 묻어 있던 인주를 판결문에 묻혀버리는 바람에……

그 버릇을 못 고치고 부장판사 되기 직전인 고등 배석 시절에도 종종 어이없는 실수를 해서 부끄러웠는데 부장님들께서 크게 탓하지 않으시며 매번 고쳐주셔서 감사할 따름이었습니다.

이런 실수들은 사소하지만 판결문 전체에 대한 신뢰를 대폭 떨어뜨리니 큰 손해입니다. 기초공사, 철골공사 등을 다 잘해놓고 마지막에 문고리를 비뚤게 달거나 페인트칠을 하다 만 꼴이죠.

저도 주제에 부장이 되었다고 판결 초고를 읽는데 오타는 완전 크게 3D로 튀어나와 보이더라고요. '이러다 벙커 되는데……' 생각하면서도 남의 것 볼 때는 작은따옴표 하나 빠진 것도 왜 눈에 잘 들어오는지……

정말 하기 싫겠지만 그래도 판결을 다 쓴 후에는 무조건 한

번 더 꼼꼼히 읽어보는 것이 중요한 것 같습니다. 열 시간 고생해놓고, 십 분 투자 안 해서 폄하당해서야 되겠습니까. 부장님들 이야기를 종합해보면 아직 실력이 부족한 경우는 이해할 수 있는데 성의가 없어 보이는 경우는 참기 어렵다고들 합니다.

**배석들도 나 같은 재미있고 오픈된 부장이랑 놀면 즐겁겠지?**

어떤 부장이 가장 좋은 부장일까요? 밥 잘 사주는 부장? 뮤지컬 보여주는 부장? 저는 감히 말해봅니다. '가장 좋은 부장은 자리에 없는 부장이다.'

슬프게도 일반 회사의 팀장-팀원 관계와 마찬가지로 부장-배석 관계는 아무래도 한쪽이 더 고생하면 다른 쪽이 더 편해지는 제로섬 게임의 측면이 있음을 부인하기 어렵습니다. 인간은 이기적인 것이 당연한 본성이므로 갈등이 없을 수 없지요. 그 갈등을 대화와 타협, 목표 공유 등 좋은 리더십으로 완화할 수는 있지만 완전히 없앨 수는 없다고 봅니다. 그쯤 되면 최면술이거나 광신도 만들기지요.

가끔 너무 탁월하셔서 배석의 존경을 넘어 신앙의 대상이 되는 부장님도 있습니다만 저는 그것도 위험하다고 봅니다. 합의부의 존재 이유인 견제 기능이 없어지거든요. 아무리 경험이 풍부해도 부장도 틀릴 수 있고, 다른 의견을 들어야 스스로도 놓친 측면을 고민하게 됩니다.

저는 그래서 부장 배석 간에 너무 친해져서 반말하며 학교 후배 대하듯 하는 것도 좀 반대입니다. 편안하고 대등한 관계를 지향하되 아무리 젊은 분이라도 꼭 판사님이라고 존칭하면서 당신도 판사 나도 판사니 당신 의견을 듣고 싶습니다, 라는 기본은 무너뜨리지 않으려고 노력하고자 합니다.

아무리 편한 부장이라도 동료들만큼 편할 리가 없겠지요. '나는 엄청 민주적인 리더야!' '나는 취미도 다양하고 젊으니까 나랑 놀면 즐거울 거야!'라고 생각하다가는 '문화형 벙커' '생활형 벙커' 되기가 십상이죠. '일하는 것도 힘든데 놀아드리기까지 해야 하냐'는 하소연을 들을 수 있고요.

굳이 부장님이 문화생활까지 챙겨주지 않으셔도 배석판사님들도 돈도 있고, 가족도 있고, 연인도 있고, 친구도 있습니다. 시간만 없지요. 모처럼 정치계에서 그럴듯한 슬로건이 하나 나왔더군요. '저녁이 있는 삶.' 그거 제가 오래전부터 줄창 주장하는 것입니다만.

이야기를 하다보니 너무 극단적으로 각자 일만 하자는 취지로 오해를 살까 두렵네요. 당연히 적절히 친분도 쌓고, 함께 즐거운 추억도 만들고, 대화의 시간도 가져야지요.

다만 부장님들이 너무 잘하려고 강박관념을 가지면 역효과가 난다는 점을 말씀드릴 뿐입니다. 극단적으로 말해서 너무 잘하는 것과 너무 안 하는 것 둘 중에 굳이 선택하라면 차라리 너무 안 하는 것이 안전하다, 결국엔 직장생활이므로 기본적으로는 업무적인 부분이 더 중요하고 사회적으로도 일과 개인의 삶은 분리하는 추세다, 대화는 평소에 하는 것이지 날 잡고 술 먹어야 할 수 있는 것이 아니다, 업무를 합리화 효율화하여 시간을 주는 것이 어떤 좋은 것을 사주는 것보다 배석들이 원하는 것일 수 있다는 등의 이야기지요.

그런데 제가 부장판사로 있는 저희 재판부는 회식 때 그동안 뭘 했나 생각해봤습니다. 저희 재판부는 배석판사님 두 분, 참여관, 실무관, 법원 경위까지 남자 여섯 명만으로 구성된 요즘 보기 드문 재판부인데, 한 번은 〈건축학개론〉 관람, 한 번은 〈은교〉 관람, 한 번은 요즘 제일 물 좋다는 번화가의 옥상 이자카야에서 한잔했군요.

이러니저러니 말해도 결국은 부장 취향대로였던 게야……

# 한국형
## 세미나 유감

—

요즘은 다행히 많이 달라졌지만 각종 세미나, 심포지엄에 참석할 때 늘 아쉽게 느끼는 점들이 있습니다.

### '겸손' 내지 '변명' 멘트 증후군

발표자나 토론자 할 것 없이 우선 이런 말로 시작합니다.

"저는 아는 것도 부족하고 연구도 부족한데 이 문제에 대해 감히 발표할 역량이 되는지……"

"준비할 시간이 촉박하여 깊이 있는 검토는 되지 못하였지만……"

"이러저러한 경위로 토론자로 의뢰받아 어쩔 수 없이 응낙했지만 아는 것이 부족하여……"

아무리 동방예의지국이라지만 매번 이런 말씀을 듣다보면 가슴이 답답해집니다. 과공비례過恭非禮라는데 겸손도 지나치면 불편할 수 있더라고요. 제가 삐딱해서 그런지 몰라도 튀는 것을 용납 못하고 장유유서가 지배하는 우리나라 문화에서 감히 동료나 선배 앞에서 자기 의견을 발표하는 것 자체를 큰 결례로 여기고 필사적으로 밉보이지 않으려는 제스처가 아닌가 생각될 때가 많습니다.

어차피 그런 문화가 쉽게 바뀔 수 없다면 대동소이한 발언을 의무적으로 반복하는 것보다 차라리 세미나 장소에 '겸손 멘트' 버튼을 설치하면 어떨까요? 발표 전에 누르면 자동으로 '겸손' 사인이 발표자 머리 위에 반짝반짝 뜨도록 하고 이로써 겸손 의무를 이행한 것으로 간주하고 바로 본론으로 들어가면 시간도 절약되고 좋겠더군요.

### 문맹자 배려 증후군
발표자고 토론자고 간에 두툼한 자기 발표문을 줄줄줄 읽는 것이 발제이고 토론인 증후군도 있지요.

한국의 문맹률은 위대한 세종대왕님 덕분에 세계 최저 수준인데, 군이 읽어주는 것은 혹시나 모를 문맹자를 위한 배려인지? 이렇게 되어버리면 '낭송회'지 '토론회'가 아닙니다. 그런데 참석자들도 진지한 표정으로 배포된 발표문을 들여다보며 밑줄 긋고 있는 것을 보면 무슨 입시학원 같기도 해요.

어차피 긴 발표문은 각자 나중에 필요하면 상세히 읽어보기로 하고, 한 시간 내지 두 시간 내에 질의응답, 자유토론까지 소화할 수 있을 만큼의 핵심 이슈 몇 개만 추려서 참석자들과 눈을 맞추며 자연스럽게 대화하듯이 발표해야 다 같이 참여할 수 있는 토론이 가능하겠죠.

### 미괄식 증후군

대체로 서론은 심히 아름답고 장대한데 도대체 기다려도 발언자의 결론이 어떻다는 것인지는 알 수 없는 미괄식 증후군도 있습니다. 연혁적으로 어떻고, 유명한 누구누구가 이렇게 말했고, 미국에서는 이렇게 하고, 독일은 어떻고, 블라블라……

그런데 정작 문제가 되는 핵심 이슈에서 신경을 곤두세우고 결론을 기다리고 기다린 결과, 발표자의 결론은 한마디.

"향후 신중한 검토가 필요하다."

아니 그 '신중한 검토'를 한 결론을 발표해달라고 세미나를 연 것 아닌가요? 그리고 결론이 나오는 과정도 서론이 길어도 너~무 길다보니 집중력이 떨어지고 졸음이 와서 오락가락하는 상태에서 결론이 '도적같이' 오셨다 끝나면 토론이 어려워요.

이건 세미나뿐만이 아니라 우리나라의 글쓰기 전반의 문제라고 생각합니다. 토플 공부를 해보신 분은 알겠지만 미국식 글쓰기는 철저히 두괄식이지요. 이슈와 자기 결론을 먼저 분명히 제시하고, 그 근거를 상세히 설명하고, 마지막에 다시 한번 결론을 강조하는 구조입니다.

워낙 자기 주장이 강한 서구문화와 달리 겸양이 미덕인 우리나라에서는 자기 결론을 처음부터 강하게 드러내는 것에 거부감이 있는 것 같습니다. 동시에 자기 생각을 드러냈다가 조금이라도 비판받는 것을 두려워하는 것 같기도 하고요. 학생들이 수업시간에 질문을 잘 못하는 것도 마찬가지 이유겠지요. 어린 시절부터 가정에서든 학교에서든 어떤 어리석은 질문이라도 타박하지 않고 격려해주고 칭찬해주는 문화가 필요합니다.

또 설령 자기 결론이 틀렸다고 비판받더라도 그건 그 결론이 틀렸다는 것이지 나라는 존재를 비난하는 것은 아니니 자기방어적으로 대응할 필요도 없습니다. 상대방 이야기를 들어봐서 수긍이 가면 바로 쿨하게 시인하고 결론을 바로 수정하면 되지요.

그런데 우리 사회는 자기 주장을 수정하는 사람에 대해 '소신이 없다' '말 바꾸기를 한다'며 비난하는 일이 많지요? 틀린 이야기를 끝까지 고집하면서도 '이게 내 소신이다!'라는 스탠스로 일관하는 사람에게는 일단 한 수 접고 인정해주는 분위기입니다.

하지만 '소신'이라는 말은 면죄부가 아닙니다. 히틀러도, 무솔리니도, 스탈린도 평생 소신을 지킨 사람들입니다. 그들의 '소신' 때문에 얼마나 많은 사람들이 죽었습니까. 저는 소신 강한 사람이 오히려 위험하다고 생각합니다. 인간의 인식이 얼마나 불완전한지, 얼마나 쉽게 오류에 빠지기 쉬운지를 생각한다면 언제나 자신의 결론이 잠정적인 것에 불과함을 인정하고, 주저 없이 결론을 수정할 수 있는 유연함이 필요합니다.

### 모양 갖추기 증후군

여하튼 이런 증후군을 볼 때마다 우리나라는 토론문화와 친하지 않은가보다, 생각이 들곤 합니다. TV 토론 프로그램에서 잘 관찰되는 또다른 증후군인 '남의 말은 안 듣고 각자 자기 말만 하기 증후군'까지 고려하면 그런 생각이 확신으로 바뀌곤 하죠.

판사들도 법원 행사로 이루어지는 세미나 때 보면 겸손, 미괄식, 문맹자 배려 증후군을 잘 보여줍니다. 그런데 묘한 것은 판사들이 재판부 내에서 사건 결론을 합의할 때나 동료 판사들끼리 공통의 현안인 사건 쟁점에 대해 토론할 때는 또 완전히 딴판이라는 겁니다. 굉장히 효율적으로 쟁점만 치열하게 토론하곤 하거든요? 한참 싸우다가도 상대방의 논거가 더 그럴듯하면 바로 "어 듣고 보니 그러네? 난 의견 번복하여 그 설에 찬동!" 하고는 손바닥 뒤집듯 바로 입장을 바꾸는 것에 거리낌들이 없고요.

짐작건대 이런 토론은 그야말로 일상적인 업무로서, 모두의 시간이 금인 상황에서 가장 합리적인 결론을 빨리 도출해 사건을 해결해야 하는 실무적 필요성이 압도적인 경우니까 효율적으로 이루어지는 듯해요. 그런데 가끔 열리는 행사인 세미나는 그냥 일종의 의식, 세리머니라고 은연중 생각하기에 예의를 차리고 형식적인 면에 치중하게 되는 것 아닌가 싶기도 합니다.

그래도 평소 이런 세미나가 영 싫었기에 제가 법원 내부의 어떤 연구회 총무로서 준비했던 한 세미나 때는 작심하고 발표자들에게 무조건 두괄식에 쟁점 위주, 파워포인트 발표를 강조했고, 많은 주제를 다뤄야 해서 겸손 멘트를 늘어놓을 시간조차 없이 달린 관계로 앞에서 본 여러 증후군에서는 탈피하는 데 성공했습니다. 대신 저의 과욕으로 너무 많은 주제를 다루어 시간도 부족하고 참가자들이 멀미날 정도여서 그것도 문제더군요.

이것도 사실 증후군이죠. '모양 갖추기 증후군.' 너무 많은 내용을 다루면 세미나가 힘들긴 하지만 그래도 두툼한 자료집을 발간해서 그럴듯한 모양을 갖춰놔야 연구회 차기 예산배정에도 유리하다는…… ^^;

# 이유 같지
# 않은 이유로

—

부장판사가 되어 빨간펜 선생님처럼
배석판사님들이 써 오는 형사판결 초고를 고치다보니 정형화된
형사판결문 중 형량을 정한 이유를 밝히는 '양형의 이유' 부분이
가장 다양하고, 또 생각해볼 부분이 많더군요. 재판부의 가치판
단을 드러내는 경우가 많고, 비교적 자유롭게 쓰게 되며, 사회적
관심이 집중되는 경우도 많지요. 내친 김에 판사들이 평소 쓰는
'판결문'에 대해 시민들의 눈높이에서 한번 반성해보기로 했습
니다.

## '식스 센스'식 판결은 곤란

아무리 싸이가 '반전 있는 여자'를 외쳐대고 '반전 뒤태' 패션이 인기라지만 판결문에까지 반전이 있을 필요는 없지 않을까요?

'피고인의 행위는 사회질서를 심각하게 저해하고 피해자에게 회복할 수 없는 피해를 남겼으며 죄질이 불량하고 (이하 준엄한 여러 문장) 그리하여 중형이 불가피하다.'

두둥! 여기서 매직 워드 '다만'이 등장!

'다만 피해자와 원만히 합의하였고 잘못을 반성하고 있으므로 형의 집행을 유예하기로 한다.'

아니, 중형이 '불가피'하다고 해놓고 바로 뒤에서 간단히 '피'해버리면 '불가피'한 것이 아니라 원래 '가피'했던 것 아니겠사옵니까? 판결 선고를 끝까지 경청하도록 긴장의 끈을 놓지 못하게 하는 테크닉인지는 모르겠으나 '다만' 두 글자만 귀 쫑긋하고 기다리도록 하는 미괄식 증후군은 재고할 필요가 있다고 봅니다. 실제로 언론 보도나 네티즌 댓글을 보면 이런 스타일로 이유가 설명된 판결에 대해서는 오해도 많고 육두문자가 쇄도하는 경우가 많더이다.

저는 그냥 엄벌할 것이면 엄벌할 사유를 상세히 힘주어 쓰고, 선처할 것이면 유리한 정상을 상세히 써서 양형 이유만 읽어봐도 이 재판부가 무엇에 중점을 두고 판단했는지 납득이 가도록 하는 것이 좋다고 생각합니다.

## 반대자를 설득할 수 있어야

법관이 흔히 빠질 수 있는 함정이 자신의 철학과 가치관을 멋있게 판결을 통해 드러내고 싶은 욕망이라고 생각합니다. 이 복잡다단한 사회에서 '가치'의 문제가 충돌하는 이슈가 얼마나 많겠습니까. 사형제도, 다문화정책, 성차별, 성소수자, 진보와 보수, 복지, 안보……

갈수록 그런 첨예한 분쟁들이 사회 내에서 해결되지 못하고 법정으로 오는 비율이 높아지고 있고요. 해당 이슈에 대한 영미, 유럽 등 선진국에서의 논의를 잘 알고 있는 법관이라면 잘 알기 때문에 오히려 자칫하면 너무 과감한 자기 논리를 펴기 쉬운데, 그런 판결은 같은 입장의 식자층에서는 열광과 환호를 받기 쉬우나, 다수 대중에게는 심정적인 공감을 얻지 못할 위험이 있습니다.

사람들은 '논리'나 '당위'로 절대로 쉽게 변화하지 않는다고 생각합니다. '공감'해야 비로소 변화하지요. 사람들은 '이게 선진국에서는 당연한 상식이고, 인류 진보의 방향이다'는 식의 논리에 대해 그 말이 맞든 틀리든 일단 반감을 가지기 쉽습니다. 한순간에 상식이 없고, 진보의 방향을 거스르는 반동으로 비난받는다는 느낌이 들게 되거든요. '칭찬은 고래도 춤추게 한다'

는 말은 결국 인간의 방어 본능에 관한 말일지 모릅니다. 대다수의 인간은 옳은 비판이라도 비판을 받으면 우선 방어 본능이 발동하여 반발하거나 변명하게 되죠. '당신 말씀이 옳습니다. 다만 이런 측면도 배려해주시면 좋겠어요'라는 태도로 설득하면 상대는 비판받는 수동적 지위가 아니라 관용을 베푸는 능동적 지위로 격상되기 때문에 훨씬 관대해지지요.

정치, 사회 어느 영역에서든 세상을 정말 의미 있게 바꾸기 위해서는 원래 자기와 의견이 같은 사람들의 열광보다 자기와 의견이 다른 사람들의 수긍을 얻을 수 있는 방법으로 주장을 펴야 한다고 봅니다. 판결도 마찬가지지요. 항상 첨예하게 이해관계가 대립된 양측이 있기 마련인데 모두가 박수치는 판결이란 있을 수 없다고 봐요. 판결에 불만족하는 쪽에서도 '마음에는 안 들지만 읽어보니 판사가 잘못했다고까지는 하지 못하겠네' 정도의 반응을 보인다면 성공적인 판결문이 아닐지요.

그러기 위해서는 최대한 중립적인 입장에서 보편적인 논리와 어느 누구도 부인하기 어려운 근거를 들어야 할 것입니다. 예를 들어 저는 예전에 성전환자의 성별 변경을 법적으로 허용해야 한다는 논문을 발표한 적이 있는데, 성소수자 보호의 당위성이나 성에 대해서도 가치상대주의, 다원주의적 관점을 가져야 한다는 식의 논리는 최대한 배제하고, 오히려 일반 다수자의 입장에서도 차라리 성전환자의 성별 변경을 허용하는 것이 부작용이 적을 수 있다는 주장을 폈습니다.

'베트남 며느리 사건' 양형 이유를 적을 때도 이주 여성의 고통이 어떻고 다문화사회에서의 배려와 존중이 어떻고 하는 식의 논리는 가능한 한 줄이고, 피고인의 국적에 관계없이 고려할 수밖에 없는 (피고인이 유산한 지 얼마 되지 않아 건강이 좋지 않고, 어린 아기를 돌보아야 한다는 등의) 보편적인 사정을 중심에 놓았지요. 백주 대낮에 시청을 찾아가 공무원을 칼로 찌른 사건에 대해서는 공무집행방해를 엄벌해야 하는 이유가 공무원 개인을 보호하기 위함이 아니라 공무원의 직무수행 보호가 결국 일반 시민들의 공공복리를 위한 것이라는 점을 부각하려 애썼습니다.

또 한 가지 중요한 점은 사회적인 관심을 받는 사건에서 법리적인 이유로 일반 상식과는 다소 다를 수 있는 결론이 선고될 경우, 법이 그러니 당연한 일이라는 식으로 쉽게 생각하지 말고 굳이 이렇게까지 해야 되나 생각이 들 만큼 친절하게, 표현도 심사숙고하여 왜 그럴 수밖에 없는지를 잘 설명해야 한다고 봅니다.

오늘날 심각한 사법 불신을 낳은 이유 중 상당수가 이런 문제에 대한 오해인데, 언론이나 대중이 법에 무지해서 오해한다고 억울해할 것이 아니라, 법원이 먼저 오해하지 않도록 최선의 노력을 기울일 의무가 있는 것 아닐까요. 판결문의 독자를 상급심 법원이나 변호사라고 생각하지 말고 일반 국민이라고 생각하면서 설득하려는 자세로 써야 하지 않을까 생각합니다.

## 첫마디가 중요하다

그런데 아무리 심혈을 기울여 판결 이유를 작성해도, 오히려 정말 사회적 관심이 높은 사건의 경우는 판결문보다 선고시 구두로 설명하는 몇 마디가 판결에 대한 사회적 반응을 좌우하는 경우가 많은 것 같습니다.

이유는 언론 보도의 메커니즘 때문인데, 그런 중요 사건은 선고시에 아예 기자들이 재판장 입만 쳐다보면서 한마디 한마디 바로바로 송고하여 속보 경쟁을 벌이지요. 재판이 1보, 2보, 3보 거의 받아쓰기 수준으로 생중계가 되는데 그런 마당에 천 쪽짜리 판결문을 온갖 각주를 붙여가며 역사에 남게 작성하고, 보도자료를 아무리 열심히 만들어놓은들 아무도 관심 가져주지 않습니다.

판결 선고 후 기자들에게 보도자료를 뿌려봤자 이미 인터넷을 통해 선고 결과가 다 보도되고, 전 국민이 정치사회 평론가인 대한민국에서는 판결 배경과 담당 판사의 정치 성향까지 근거는 알 수 없지만 단정 내려져 칼질, 도끼질 다 끝난 상태인데 어느 기자가 착실하게 자료 읽고, 판사 설명 듣고 속보성도 없어진 기사를 써주겠습니까. 써봤자 데스크에서 연예인 B양 결별설 기사에 밀려 킬당해요.

지역에서는 특히 통신사 기자가 고정적으로 선고기일에 나와 있는 경우가 많은데 이럴 때는 이 양반이 기사 제목 뽑기 좋게, 판결에서 전달하고자 하는 핵심 정보를 바로 첫마디부터 이야기해야지, 판결문에 다 썼으니 됐다고 생각하고 엄한 소리를 했다가는 전국 언론에 토씨까지 똑같은 엉뚱한 취지의 기사가 뜨게 되는 것을 오후에 보게 될 수 있습니다.

언론계에는 '야마가 중요하다'는 말이 있다죠. 한눈에 들어오는 핵심이 있어야 구구절절 설명하게 만들어서는 독자가 외면한다는 이야기입니다. 판사가 왜 이런 것까지 신경써야 하냐는 생각도 들지만, 잘못 전달된 판결 내용이 낳는 심각한 사법 불신을 생각하면 이런 부분도 놓쳐서는 안 되겠지요.

이런 판인데 판결 선고할 때 아까 이야기한 '다만' 신공을 펴면서 '반전 뒤태 판결'을 선고하면 어떤 결과가 나올까요? 1보 '피고인 구속 예상' 2보 '예상보다 중형 예측' 3보 '무기징역 가능성도' 4보 '능지처참에 삼족을 멸할 기세' 5보 '이해할 수 없는 판결, 결국 집행유예' 6보 '담당 법관 고향이 독도' 7보 '담당 법관 사교댄스 연구회 소속으로 알려져' 8보 '담당 법관과 변호인, 같은 RH- 혈액형이라는 의혹 제기'……

**깨져도 좋으니 솔직하게!**

항소심 근무 당시 판결문을 가끔 보면, 읽어봐도 도대체 1심 판단의 핵심적인 이유가 무엇인지 알 수 없는 경우가 종종 있더이다. 자꾸 '그렇다고 보지 않을 수 없고' '이거저거그거를 종합하여보면 넉넉히 인정할 수 있다'고는 하는데 도대체 동심의 세계로 돌아가 꿈과 상상의 나래를 펴봐도 왜 그렇다고 보지 않을 수 없는지 알 도리가 없고, 말똥과 모래와 맥주를 아무리 종합해보아도 금을 만들어낼 수는 없다는 이치만 넉넉히 인정할 수 있을 뿐.

이런 판결이 나오는 이유는 모르긴 몰라도 실제 심증 형성의 근거를 분명하게 썼다가는 상급심에서 항소인으로부터 그 포인트에 대한 공격을 엄청 당하여 깨질 수도 있지 않을까 또는 판결문에 너무 구체적인 심증 형성 동기를 쓰는 것 자체가 어색하고 품격이 없어 보이지 않을까 등의 생각이 은연중에 작용하기 때문인 것 같습니다.

그런데 원론적인 이야기이지만 결국 재판도 공공 서비스이고, 서비스는 수요자를 위해 공급되는 것입니다. 공급자인 법관의 입장을 생각해서 재판해서는 곤란하겠지요. 자기 재판부 내에서 합의할 때 이야기한 핵심적인 논거들이 있으면 그걸 판결문에 당연히 표시해야 하지 않겠습니까? 그 논거들을 깨기 위해 상급심에서 항소인 측이 열심히 다투는 것은 당연히 심급제라는 시스템이 예정하고 있는 결과이고요. 만약 자기 재판부의 판단 근거가 틀렸다면 상급심에서 반드시 깨져야 옳은 일이지, 두루뭉술 지나가는 데 성공했다고 좋아할 수는 없는 일 아니겠습니까. 판사에게는 재판이 직업이지만 당사자들에게는 자유와 재산, 생명까지 걸려 있는데요.

열심히 재판하고 고민해서 결론 내렸으면 왜 그런 결론을 내렸는지 분명하게 밝혀주고, 다투려면 그 부분을 열심히 다투어보도록 기회를 주는 게 판사의 할 일이겠지요. 물론 그렇다고 판결문에 '네놈은 생긴 것이 도무지 사기꾼같이 생겨서 하는 말을 믿을 수가 없고나'라고 써서 성형수술 할 기회를 주라는 이야기는 아니지만……

# 법원
## 유모아

—

　　법원과 유머는 별로 어울리지 않는 조합이죠? 특히 법정은 극도로 예민하고 긴장감 가득한 곳이라 법관들도 마음의 여유를 갖기 어렵습니다. TV드라마에 나오는 판사 모습을 보면 마치 무협소설에 나오는 인피면구를 뒤집어쓴 양 도대체 표정도 없고 사람의 온기가 느껴지지 않더군요.

　　하지만 실제로는 내공이 삼갑자 이상에 이르는 고수 판사님들은 어떤 순간에나 유머를 구사하셔서 팽팽한 긴장감을 부드럽게 풀어주는 절기를 시전하시더군요. 우선 제가 직접 보았거나 전해 들었던 실화들을 몇 개 적어봅니다.

## 누나라고 불러다오

예전에 제가 모셨던 부장님은 법정에서 구수한 말솜씨를 구사하는 것으로 유명하셨습니다. 가끔 옆에서 조마조마할 정도였지요. 원고와 피고가 엄청 싸우는 민사사건의 증인으로 고운 할머님이 나오셨어요. 자꾸 증언 중간에 끼어들며 흥분하는 원고와 피고를 말리며 겨우겨우 증언이 끝났습니다.

부장님: (긴장감 풀어주려고 편한 말투로) 할머니, 수고 많으셨네요.

증인: (배시시 웃으시며) 아이, 판사님 이왕이면 할머니 말고 누나라고 해주세요.

일동: (잠시 얼음)

부장님: (천연덕스럽게) 네, 누나.

쌍방 모두 변호사 없이 본인이 하는 소송중에 원고가 법정에서 갑자기 질문을 하더랍니다.

원고: 그럼 판사님, 제가 저놈 말한 거 녹취록 만들어 내면 유리할까요?

부장님: ……근데 재판이 축구라면 내는 누구요? 심판이죠?

원고: 아, 글쵸.

부장님: 축구선수가 심판한테 상대 골문 왼쪽으로 뻘을 찰
까요, 오른쪽으로 찰까요 하고 물어보면 심판이 뭐라 그래야
되겠어요?

원고: (긁적긁적)


재력도 있는 듯한데, 복잡한 민사소송을 나 홀로 소송으로
진행하는 강남 아주머니. 매 기일마다 산더미같이 복사물을 증
거라고 들고 오는데 증거 번호도 없고, 상대방 줄 복사본도 없고
주장도 중구난방이라 재판은 산으로 올라갈 지경. 결국 참다못
한 부장님 왈.


부장님: 원고, 바다에 수영하러 간 적 있죠.

원고: 그럼요.

부장님: 수영하러 갈 때 미리 동네 수영장 다니면서 코치한
테 수영 배우죠. 백화점 가서 수영 빤쓰도 사고요.

원고: 글쵸.

부장님: 근데 왜 재판받으러 올 때는 암것도 안 하고 그냥
올라 그래요?

## 조직은 누가

조폭 관련 사건을 심리중이던 어떤 형사부 재판장님.

재판장: A 피고인, ○○파 조직원 맞지요?

A 피고인: 아닙니다, 전 이미 조직에서 탈퇴했습니다!

재판장: B 피고인, ○○파 조직원 맞지요?

B 피고인: 저도 탈퇴했습니다!

재판장: 그럼 C 피고인, ○○파 조직원 맞지요?

C 피고인: 재판장님, 저도 조직에서 탈퇴했습니다!

(잠시 침묵)

재판장: 그럼 조직은 누가 지키나요?


## 부끄러운 줄 알아야지

여자가 사귀던 남자에게 돈 몇 천만 원을 빌려줬는데 남자가 여자를 차버린 뒤, 차용증 쓴 것도 아니고 사랑하던 사이에서 받은 돈은 증여이니 갚을 의무가 없다고 우기는 사건이었습니다.

재판장: 피고는 정말 나쁜 남자구만. 돈 따낼 요량으로 그렇게 접근하고. 이건 같은 남자로서 정말 부끄러운 일이지.

피고: 아닙니다. 나쁜 의도는 없었습니다. 그 당시에는 정

말 좋아하는 사이였습니다.

　재판장: 그래요? 그럼 진짜로 좋아서 받아놓고 이제 와서 몰라라 하나? 그게 정말 사랑했던 사람에 대한 예의인가? 이건 같은 남자로서 정말 부끄러운 일이지.

　피고: 아닙니다. 다만 형편이 안 좋고 하다보니 그런 것이지 아주 모른 척하려는 것은 아니었습니다.

　재판장: 그럼 뭐라도 주겠다고 하고 형편이 안 되니 기다려달라 해야지, 아예 모른 척하면 되는가. 그건 심히 부끄러운 일이네.


　결국 재판장의 '수치자각 신공'이 계속되자 자기도 모르게 심히 부끄러워진 남자, 돈을 최대한 돌려주는 것으로 합의 성공!

### 부처님 지원장

　지방의 어떤 지원장님 일화입니다.

　연말, 서무주임이 지원장님께 직원회식 등 업무지원비 카드 사용은 정산 작업을 위해 금요일까지 마쳐달라고 말씀드렸습니다. 그런데 알고 보니 금요일이 아니라 목요일까지 마감했어야 한다는 사실을 금요일에서야 뒤늦게 알게 된 초보 서무주임. 서무주임은 잘못 알려드려 큰일이다, 사고쳤구나 어쩌지 등 너무나 놀란 나머지 지원장실로 뛰어올라가 차분히 일하고 계신 지원장님께 다짜고짜.

　　서무주임: 지원장님! 카드 쓰시면 안 됩니다! 목요일 마감
이랍니다!
　　지원장: (이건 뭐……? 하는 표정으로 잠시 놀랐다가 카드를 꺼내
종이 위에 대고 볼펜으로 줄을 그으며) 자로 쓰는 것도 안 돼?

　　유머 이야기는 아니지만 이분 이야기를 어느 변호사님도 하
시더군요. 지원장님이 혼자 진행하는 심문기일에 한 시간이나
늦어서 죄송스럽고 당황한 마음에 간이 콩알만해져서 헐레벌떡
심문실에 들어섰는데 지원장님은 돋보기안경을 쓰고 너무나 평
온하게 재판기록을 보고 계시더래요.

　　변호사: 죄송합니다!! 너무 늦었습니다!!
　　지원장: (돋보기안경을 벗으면서 고개를 들고 싱긋 웃으며) 왔어
요?

　　그러고는 왜 늦었냐 한마디 묻지도 않고 아무 일도 없었던
양 절차를 진행하시더래요. 그 변호사님은 그때 너무 감복해서
지원장님을 우러러보게 되었다고 하시더군요. 야단치며 무섭게
구시는 판사님 법정 갈 때보다 훨씬 더 조심하게 되었고요.

## 유머의 힘

이런 이야기들을 소개하는 이유는, 법정에서 치열함을 넘어 살벌하기까지 한 갈등의 양당사자들과 함께 재판을 진행해야 하는 법관에게 유머를 구사할 수 있는 여유와 능력은 소중한 자질이라고 생각되기 때문입니다.

유머는 한발 물러서서 관조할 수 있는 여유와 상황에 휘둘리지 않는 객관적인 태도 위에서 꽃을 피울 수 있다고 봅니다. 심판 역할을 해야 할 판사까지 치고받는 격투기 선수들인 당사자들 분위기에 휘말려 감정이 격해지거나 마음의 여유가 없어지면 어느새 같이 멱살 잡고 드잡이하는 꼴이 됩니다. 유감스럽게도 이른바 '막말 판사' 파문이 반복되는 이유 중 하나도 여기에 있습니다.

시골 장터에서 싸움판을 말리는 노인네라면 너스레를 떨며 일단 흥분한 장정들을 누그러뜨리지 않겠습니까? 유머의 힘이 팽팽한 긴장감을 누그러뜨리고 마음을 열 수 있는 공간을 만들어내는 것입니다.

유머는 권위주의의 벽을 무너뜨리는 힘도 있습니다. 판사들 스스로 생각하는 것 이상으로 높다란 법대 위에 시꺼먼 법복을 입고 앉은 판사는 어려운 존재입니다. 요즘 법원에서는 자신의 재판 진행을 돌아보고 반성하는 기회를 갖기 위해 법정 진행 장면을 녹화해 보기도 하고, 다른 판사의 법정을 참관하는 법정 모니터링을 할 기회도 있습니다.

저는 평소 친한 후배 단독판사의 법정을 방청한 일이 있습니다. 이 친구는 평소에 여성적일 만큼 부드럽고 친근한 사람인데, 방청석에서 올려다보니 표정이 엄숙함을 넘어 딱딱하고 무표정한 데다 말투도 너무 단호해서 감히 말 붙이기 어려워 보이더라고요.

제 짐작으로는 워낙 젊은 판사이다보니 법정에서 신뢰감이 떨어질까봐 일부러 더 엄숙한 척을 한 것 같은데, 그걸 보니 저 스스로도 '권위'와 '권위주의'는 다르다는 것, 부드러움이 능히 강한 것을 제압한다는 것을 생각해보게 하는 계기가 되더군요.

유머의 힘이 얼마나 강한지를 잘 보여주는 분이 한승헌 변호사님입니다. '시국사건 1호 변호사'로 많은 양심수들을 변호하고, 두 번이나 옥고를 치르기도 하셨던 분이죠. 강연을 들어보면 분명히 시대의 비극에 관한 고통스러운 내용인데도 천연덕스럽게 구수한 유머로 둔갑시켜 청중을 들었다 놨다 하시더군요. 저서도 비장한 투쟁기보다 '유머산책' '유머기행' 등 유머집들이 많으십니다. 진정한 고수는 이런 분이시겠지요.

### 진짜로 억울했던 피고인

뭐, 앞에서 말은 번지르르하게 늘어놓기는 했는데 부끄럽지만 저는 법정에서 친절하게 진행하려고는 노력하지만 능숙하게 유머까지 구사하기에는 역부족입니다. 재판장치고는 워낙 동안이라(이건 유머 아님) 함부로 유머를 구사하다가는 자칫 까부는 것으로 보일 수도 있어 내공을 쌓고 있는 중이고요.

다만 상황이 재미있어서 기억에 남는 일은 있네요. 예전에 형사단독판사를 할 때 일입니다. 나이트클럽에서 손님 두 명과 웨이터 세 명이 싸웠다면서 쌍방 폭행으로 전원 벌금 30만 원을 받았는데, 그중 손님 한 명이 억울하다며 이의를 한 사건이었습니다.

그런데 이 손님, 이미 여러 번의 폭력 전과로 벌금을 수백만 원씩도 냈었고 집행유예까지도 받아본 적이 있더라고요. 내심 '벌금 30만 원이면 감지덕지할 텐데 왜?'라는 의문을 가지며 법정에 들어갔습니다. 떡 벌어진 어깨에 짧은 머리, 험상궂은 인상의 이 피고인 주장은 자기는 한 대도 때린 적이 없다는 것이었습니다. 어디 가서 맞고 다닐 인상이 아닌 이 피고인, 증거 사진을 보면 웨이터 세 명에게 꽤 얻어맞아서 입술도 터지고 멍도 들었던데 과연 맞기만 했을까 싶더군요.

술 취한 상태에서 사소한 말이 시비가 되어 티격태격하다가 우르르 서로 주먹질도 하고 밀려 넘어지고 했는데 피해는 상호 경미한 사건이었습니다. 어둡고 좁은 룸에서 싸웠고, 피고인에게 맞았다고 진술한 웨이터는 한 명. 그래서 웨이터를 증인으로 소환했습니다.

그런데 이 웨이터, 분명히 소환장을 받고도 두 번이나 출석하지 않네요. 구인장을 발부해도 집행이 되질 않고, 결국 우여곡절 끝에 소재탐지 불능.

벌금 30만 원짜리 정식재판청구사건을 무려 다섯 번인가 여섯 번 속행하면서 반년도 넘게 시간이 흘렀는데 묵묵히 공판에 나왔다가 돌아가던 피고인에게 물었습니다.

필자: 솔직히 누구라도 그 상황에서 여럿에게 그리 맞았으면 화가 나서 한 대라도 때렸을 것 같은데 진짜 때리지 않았습니까?

피고인: (단호하게) 판사님! 전 그때 그놈들 정말 때리고 싶었습니다!

필자: (어리둥절) 그런데 왜……

피고인: (한 맺힌 표정으로) ……그런데 혼자 양주 세 병을 깠더니 도무지 몸을 가눌 수가 없는 겁니다. (상황을 재연하며) 이렇게 주먹을 쥐어서 치려고 용을 쓰는데 팔도 안 올라가고 너무 답답해서…… (거의 울 듯하며) 정말 아무것도 아닌 놈들한테 쥐어 터지기만 하고 한 대도 때리지도 못한 것이 너무 억울해서 정식재판을 청구했습니다.

……정말 그 순간, 판결문에 뭐라고 써야 할지는 모르겠지

만 피고인이 진실을 말하고 있다는 것만은 온몸으로 느껴지더군요. 비록 맞았다는 피해자 진술조서가 있기는 하지만 재판 과정 전체를 통해 형성된 심증은 피해자 말을 믿기 어렵다는 것이었습니다. 그래서 결국 피고인에게 무죄를 선고했지요. '자유심증주의'라는 소제목을 붙일 만한 사건이었달까요.

# 재판하기 위해서는
## 야근할 시간이 없다
—

요즘 입사 이래 야근 빈도수가 많은 것을 보면 부장이 된다고 해서 밤마다 꼬마 요정들이나 우렁각시가 나타나 일을 스르르 대신 해주는 것은 아니었나봅니다.

판사에게 야근이란 무엇일까요? 숙명?

언제부터인지 모르겠지만 판사의 삶에 대한 판사들 스스로의 자화상은 매일 묵묵히 밤늦게까지 판사실에서 기록을 넘기고 판례를 검토하는 모습이었던 것 같습니다.

문득 떠오르는 기억이 한 가지 있습니다. 다양한 분야에서 활발하게 일하는 분들이 모인 어떤 모임의 뒤풀이 자리에서 이런 이야기가 나왔습니다.

'어떤 법관은 십 년 동안 TV를 한 번도 보지 않았다고 하시더라. 하루도 빠짐없이 재판 기록을 읽고, 짬이 나면 대법원 판례까지 꼼꼼히 읽고, 그래도 시간이 남으면 기본을 잊지 않기 위해 민법을 비롯한 주요 법률의 법조문을 읽으셨다고 한다. 그래서 누구나 실력을 인정하는 대가가 되셨다.'

그런데 반응이 영 의외더군요. 다들 별 반응이 없었는데 한 분이 "난 솔직히 그런 판사에게 재판받고 싶지 않다"라고 이야기했습니다.

왜 이런 반응이 나왔을까요?

학업 성적이 세계에서 가장 우수한 법관들이 세계에서 가장 오랜 시간 일을 하고, 새벽까지 재판하기도 하고, 천 쪽이 넘는 판결문을 쓰기도 하고, 과로로 쓰러지고, 우울증에 시달리기도 하는데 정작 사법 서비스의 수요자인 국민들의 평가는 왜 냉혹하기만 한 걸까요.

수요자가 만족 못하겠다는데 공급자가 자기는 노력을 엄청나게 하고 있는데 왜 그걸 몰라주냐는 소리를 하는 것이 무슨 의미가 있을까요. 시장에서라면 당장 퇴출당할 일이지요.

아까 언급한 자리에 계셨던 분들의 이야기는 다음과 같습니다. 무엇보다 사람들은 과연 법관들이 동시대인들과 공감하고 있는지 자체에 의문을 가질 때가 많다, 사회구성원들이 모두 공분하는 심각한 성폭력사건이나 화이트칼라 범죄사건 등에 납득하기 어려운 형이 선고될 때 '판사들은 다른 별에 살고 계신가?' 생각될 때가 많다. 법조문이나 전례 때문에 어쩔 수 없다고 하던데 어쩔 수 없다고 하기 전에 정말 달리할 여지가 없는 것인지 문제의식을 갖고 심각하게 노력해보았는지 의문이다……

자, '공감'이 또다시 화두인 것 같습니다. 사람들은 공감할 수 있는 재판을 바라고 있습니다. 공감하려면 먼저 소통해야 하겠지요. 소통하려면 노력해야 합니다. 이 복잡다단한 세상을 이해하려 노력해야 하고, 동시대인들이 어떤 고통과 고민, 희망을 갖고 살아가는지 알고자 노력해야 하며, 그들과 소통하기 위한 커뮤니케이션 방법을 고민해야 합니다.

어떻게 보면 참 판사 하기 힘든 세상입니다. 국민들의 눈높이가 너무나 높아졌어요. 눈높이에 맞게 재판을 하려면 역설적이지만 야근할 시간이 없습니다. TV를 십 년간 안 보기는커녕 가능만 하다면 신문도 편향되지 않게 서로 다른 입장의 신문을 같이 보고, 인터넷 여론의 흐름도 살피고, 세계에서 어떠한 일들이 벌어지고 있는지도 관심을 갖고, 경제·정치·사회·문화 각 분야에 관한 시대정신을 담은 좋은 책들도 읽고, 무엇보다 다양한 분야의 사람들과 대화할 기회를 갖고 고민해야 겨우 건전한 상식을 가진 사회인이 될 수 있는 것 아닐까요.

노력해도 어차피 여러 분야에 깊이 있는 지식을 갖게 되거나 감히 시대를 선도할 혜안을 가질 정도의 시간은 없을 것이고,

건전한 상식인 정도가 되기 위한 시간도 내기 만만치 않은 삶을 우리는 살고 있는 것입니다.

게다가 평생 법관으로 살아가려면 심신 모두 건강해야 하고, 이 또한 부단한 노력을 요합니다. 박찬호, 박지성처럼 자기관리가 생활화되어 있어야지요. 운동이라고는 매일 야근하다가 심야에 폭탄 제조하는 손목 운동이 전부라면 프로 자격이 없다고 할 수밖에요.

육체뿐만 아니라 정신적인 건강관리도 중요한 문제입니다. 판사도 감정노동자이기 때문이지요. 판사의 일이라는 것이 분노, 절망, 의심 등에 사로잡힌 사람들과 대면하며 자신의 감정은 절제하고 그들을 설득해야 하는 일인데, 그로 인한 후유증이 없겠습니까. 이를 해소할 시간도 없이 바로 또 일에 파묻히고 집에는 잠시 자러 다녀오는 생활을 반복하는 감정노동자가 있다면, 정상적인 직장에서는 그 노동자 개인을 위해서가 아니라 그가 제대로 일을 수행할 수 없어 고객이 불만을 초래할 가능성이 있기 때문에 이를 심각한 문제로 받아들일 것입니다.

그런데 오히려 이런 삶을 당연시하고 더 나아가 흐뭇하게 바라보면서 칭찬하며 그렇지 않은 사람을 불성실하다고 평가하는 직장이 있다면 서비스업의 경영전문가들은 어떻게 평가하겠습니까?

물론 세계적인 경영학 구루들이 찬양하는 직장인 애플, 구글 등도 노동 강도는 엄청나며 회사 내부에 좋은 식당, 놀이와 문화 시설 등 복지 시설이 완벽한 것은 직장을 벗어날 일 없이 종일 일하도록 하기 위함이라고 반박할 수도 있겠습니다.

그러나 그 반박 내용 자체에 나오듯이 이런 직장은 최소한 일은 많지만 동시에 직장 내에서 스트레스를 해소하고 창의성을 유지하기 위한 여러 시스템을 갖추고 있으며 유연한 조직문화를 가지고 있습니다.

그리고 원만한 가족관계 없이 롱런하는 직장인은 어디든 없습니다. 법원의 후견적 기능, 치유적 사법(주로 이혼 등 가사사건, 소년범죄사건 등의 영역에서 법원이 보다 적극적으로 근본적 문제를 해결하기 위하여 심층적인 상담과 대안 모색 등을 병행하는 재판)을 말하기 전에 먼저 판사들 스스로 자신의 가정을 방치하고 있지는 않은지 돌아봐야지요.

여성 법관들은 출산과 육아라는 엄청난 업무까지 병행하고 있습니다. 법원도 솔직히 사건처리 실적 경쟁이 있는지라 가끔 여성 배석판사가 출산하면 사건처리 건수가 줄어서 불만이라는 부장판사들도 계시다고 하네요. 이분들께는 우리나라가 지난 십 년간 세계 최저 수준의 출산율을 유지해왔으며 이 추세라면 전문가들이 '국가적 자살national suicide' '죽어가는 나라mutilated country'라고 일컫듯이 나라의 미래는 물론 그토록 연연하시는 처리할 사건 자체도 별로 없어질 것이라는 점을 말씀드리고 싶습니다.

자, 저는 감히 말하고 싶습니다. 야근은 찬양받아야 할 것도, 자랑도, 정상적인 것도 아닙니다. 그것은 장려할 대상이 아니라 오히려 최소화해나가야 할 대상입니다.

그 방법을 같이 야근하며 고민해봅시다!^^

# 제도 이전에
# 욕망이 있다

—

　　어떻게 야근을 최소화해나갈지 고민
해보자고 했더니 많은 판사님들이 제게 무슨 비법이라도 있을
것처럼 기대하셔서 부담되더군요. 그래서 아래와 같은 낙서를
교대 지하철역에 남기고 잠적할까 생각도 했답니다.

　'나는 경이적인 방법으로 야근을 최소화할 수 있음을 증명
했다. 그러나 지금 내가 탈 지하철이 오고 있기 때문에 여기 적
을 만한 시간이 없다!'

　물론 이건 수학계의 난제 '페르마의 정리'에 얽힌 에피소드
의 패러디이지만 마법 같은 방안이야 있을 리 없죠. 그래도 원론
적인 이야기라도 같이 고민해봐야 합니다.

## 누구를 위한 경쟁인가

야근할 수밖에 없는 이유는 기본적으로야 물리적으로 처리할 사건의 양이 너무나 많기 때문이니 재판부 증설 등 이에 대한 대책을 세워야겠죠. 근본 대책을 논하려면 인사제도, 재판제도, 예산 등 검토할 요소가 끝도 없습니다. 그런데 저는 근본적인 업무량 과다 문제 외에도 불필요한 야근을 조장하는 숨은 요소가 있지 않나 하는 점에 주목해보고자 합니다.

이런 이야기를 들은 적이 있습니다. 공판중심주의를 대폭 강화하는 형사재판 개혁이 이루어지던 시절, 우선 모범적인 재판을 위해 형사합의부를 대폭 증설해 미제사건을 절반으로 줄였다고 합니다. 업무 과중에 대비한 것이지요.

그런데 묘하게도 점점 판결문이 길어지는 현상이 관측되었다고 합니다. 전에 없이 학술논문처럼 각주를 붙이기도 하고, 목차도 붙고, 쟁점 판단 및 양형 이유도 길어지고, 급기야 몇 백 쪽이 넘는 두꺼운 책 수준의 판결문이 각 부마다 나오기 시작하고……

그 이유에 대해서는 다음과 같은 가설이 있습니다. 대체로 형사합의부 재판장들은 고법부장 승진을 앞둔 경우가 많고, 뭔가 남들보다 뛰어난 성과를 보여야 하는 부담을 느끼는 경우가 많은데 사건 수가 대폭 줄어 통계상 유의미한 성과를 내기는 어려우니 판결문으로 얼마나 일을 열심히 하고 있는지 나타낼 수밖에 없고, 한두 부에서 먼저 상세한 판결을 쓰기 시작하니 다른 부도 안 할 수 없게 되고.

비슷한 이야기는 많지요. 인원수가 다른 연수원 기수보다 늘어난 기수가 대법원 재판연구관이 되니 연구관 보고서가 경쟁적으로 길고 자세하게 되었다, 어느 단독판사가 엄청나게 사건을 떼기 시작하자 나머지 단독판사들도 따라서 달리다가(?) 과로로 쓰러지는 사람이 나오고 말았다, 토플 성적순으로 장기 해외연수를 보내니까 만점자가 나오기도 하고, 토플 성적 경쟁이 과열되어 업무에 지장을 초래한다는 비판이 나와서 합격선만 넘으면 영향을 미치지 않는 쪽으로 제도가 변경되었다······

물론 이런 이야기들이 다 순수한 의도에서 일 열심히 하는 분들을 폄훼하는 삐딱한 이야기들일 수 있겠지요. 그러나 특정 개개인의 문제라기보다 법원 전체로 볼 때 인사제도를 중심 고리로 한 경쟁 원리가 작동하고 있었음은 쉽게 부인할 수 없을 것 같습니다.

문제는 재판이라는 사법 서비스의 수요자는 재판 당사자, 즉 국민인데 얼마나 열심히 좋은 재판을 해서 당사자가 만족했는지는 쉽게 비교 가능한 수치로 환산할 수 없다는 것입니다. 그러니 사건처리 수 통계, 판결문의 길이와 형식 등 법원 내부에서 평가받기 쉬운 양적인 측면에만 경쟁이 집중되기 쉽다는 것이죠.

**죄수의 딜레마**

이런 이야기들을 들으면 게임이론의 유명한 예인 '죄수의 딜레마'가 떠오릅니다. 협력하면 최선의 결과를 낳을 수 있지만, 의사소통이 불가능한 상태에서는 상대방의 결정을 신뢰할 수 없기 때문에 결과적으로는 최악보다 조금 나은, 자기만 살아남을 수 있는 선택을 하게 되어 둘 다 불이익을 입게 된다는 것이죠.

분명히 경쟁은 개인의 발전을 위해서도, 조직의 건강성을 위해서도 필수적입니다. 그러나 모든 구성원이 단일한 지표를 가지고 경쟁하는 일원적 경쟁은 부작용이 더 크다고 봅니다. 모두가 한 가지를 놓고 경쟁하면 승자는 한 명이고 패자는 나머지 전원입니다. 법관들이 경쟁하는 단일 목표가 대법관, 고법부장 등 피라미드식 인사구조의 정점으로 올라가는 것이라면 극소수의 승자를 제외한 나머지는 패배자이거나 포기자일 수밖에 없습니다. 승자독식사회의 필연이죠.

**제도 이전에 욕망이 있다**

인간의 모든 행위의 궁극적 목적은 행복이고 나머지는 이를 위한 수단일진대, 승진이 과연 투입비용 대비 효율이 있는 수단인지도 잘 생각해볼 일입니다.

저는 일찍 대법관이 되는 분들이 가장 불행한 법관이라고 봅니다. 갈수록 고령화되는 사회에서 미국처럼 고령의 정년까지

은퇴하지 않고 일할 수 있다는 점이 법관직의 가장 큰 장점으로 점점 대두될 텐데, 미국과 달리 연임도 되지 않는 우리의 대법관은 너무 일찍 커리어를 마무리하게 되고, 업무는 과중하며, 인사청문회 때마다 퇴직 후 개업하지 않을 것에 대한 약속을 요구당할 테니까요.

그런 의미에서 2011년부터 단계적으로 시행되고 있는 법관이원화제도의 실시는 이 모든 구조를 근본적으로 바꿀 수 있는 패러다임 변화의 '계기'가 될 수 있다고 봅니다. 이 제도의 내용은 단계적으로 고등법원 부장판사를 없애고 고등법원을 3인의 대등한 경력의 고법판사로만 구성하도록 바꿔 지방법원 부장판사에서 고등법원 부장판사로 경쟁을 통해 승진하는 제도를 폐지하는 것을 포함해, 보다 이른 시기에 각자의 적성에 따라 1심 재판장을 계속하는 지방법원 부장판사와 항소심을 계속 담당하는 고법판사 중 선택하여 지원하는 등 다양합니다.

경험 많은 중견 법관이 승진 경쟁 탈락으로 변호사로 개업하는 풍조를 없애 전관예우의 소지를 없애고, 국민이 기대하듯 나이도 지긋하고 경험 많은 판사들이 경륜 있는 재판을 계속할 수 있는 평생법관제를 지향하는 것이지요.

하지만 어떤 제도를 실시해도 구성원들이 또다시 그안에서 좀더 나은 보직, 좀더 나은 근무지를 얻기 위해 대체적인 경쟁구도를 만들어낼지 모릅니다. 제도 이전에 욕망이 있기 때문이지요. 이 제도를 단지 변화의 '계기'라고 보는 이유입니다.

남들보다 잘나가고 싶은 욕망과 남들보다 뒤처지는 것에 대한 두려움에서 스스로 자유로워질 수 있는 길은 어떤 제도하에서도 언제나 있었다고 생각합니다. 그런 점에서 저는 판사 정도 되었으면 매사에 자기 의지로 할 수 있는 것이 없는 양, 거대한 구조 아래 희생양일 뿐인 것처럼 스스로를 작게 만들어 징징대지 말고 엄살부리지 말아야 한다고 봅니다. 무장 군인이 법원에 난입하는 상황에서 재판을 하던 선배들도 있었는데 말이지요(1964년 5월, 시위 대학생들에 대한 구속영장을 기각한 판사를 위협하기 위해 수도경비사 공수특전단 소속 군인들이 심야에 무장한 채 법원에 난입하고 담당 판사의 자택까지 찾아가 난동을 부린 일이 있었습니다).

최근에는 승진을 위한 경쟁보다 재임용 탈락(십 년에 한 번씩 실시하는 법관 재임용 심사)에 대한 막연한 공포가 또다른 사건처리 경쟁의 인센티브가 될지 모르겠다는 생각이 듭니다. 평생법관제가 판사를 위한 철밥통 강화책이 되지 않으려면 재임용 심사의 실질화는 당연한 것이라고 생각합니다. 하지만 이에 대한 막연한 공포로, 믿을 건 그래도 통계밖에 없다고 사건처리 경쟁에 매달리는 풍조가 생기면 결국 법관이원화, 평생법관제를 계기로 사법부2.0으로 업그레이드할 기회는 물거품이 되고 말 것입니다.

'막연한' 공포라고 재삼 말하는 이유는 반대하실 분들도 계시겠지만, 저는 법관 근무평정제도나 인사제도에 문제점이 있다 해도 최소한 법관이 통계 숫자 나부랭이 약간의 차이나 등산 안 따라가서 법원장에게 밉보였는지 여부 등 따위로 법복을 벗게 될까 전전긍긍할 정도로 객관성이 없다고는 도저히 생각되지 않기 때문입니다.

정량평가가 아닌 정성평가라 하더라도 오랜 기간에 걸쳐 서로 다른 여러 법원장들이 다방면으로 평가한 것이 누적되기 때문에 일종의 '대수大數의 법칙'이 적용되어 일부 불합리한 평가가 있더라도 걸러지고 경향성이 나타나게 되어 객관성이 담보된다고 봅니다.

경계해야 할 것은 정치적인 이유로 인한 재임용 탈락의 문제이지, 최소한 통상적인 사건처리에서 몇 건 더 하고 덜 하고의 문제는 아니라는 것이지요.

막연한 공포로 인한 '죄수의 딜레마' 상황과 제 살 깎아먹기 경쟁은 교육시장에서 잘 관찰할 수 있지요. 멀쩡히 공부 잘하고 있는 애인데도 부모들은 몇 년치 선행학습을 안 하고 스펙 쌓기를 안 하면 남들보다 뒤처져 '서울대'가 아니라 '인서울대'도 못 갈까 두려워 끝도 없이 애를 몰아치지요.

그런데 실제로 공부 잘해서 판사가 된 수많은 동료, 후배들과 이야기해보면 진짜로 수업 제대로 듣고 독서 많이 하고 스스로 알아서 공부하는 것이 공부 잘하는 왕도라는 게 실증적으로 증명되더이다. 그렇다면 판사 일도 좌고우면左顧右眄할 것 없이 평소 맡은 일을 스스로 알아서 애정을 갖고 열심히 하면 그뿐, 남하고 비교해서 안달복달하고 스펙 쌓기 할 필요가 있나요?

정말 불행하게도 법원이 윗분 눈치보고 아부하고 얄팍한 수로 각종 통계 숫자 분칠하는 판사들만 인정받는 조직이 된다면 오히려 아무 미련 없이 제가 먼저 그런 조직의 일부로 남는 것을 사양하렵니다. 저는 소중하니까요.^^

어째 야근 이야기로 시작했는데 결국 경쟁에 관한 이야기만 하고 말았네요.

요약하면 그러잖아도 판사가 할 일은 많고도 많으니 혹시라도 누군가에게 보여주기 위해 꼭 필요하지도 않은 일을 하는 부분은 없는지 돌아보자는 거지요. 어차피 사건을 제대로 해결하기 위한 깊은 고민 때문에 야근할 일은 여전히 많겠지만 그거야 최소한 가치 있고, 자신이 스스로 선택한 야근이니까 스트레스도 덜하지 않을까요?

# 나는 놀기 위해
## 태어났다
—


늘 격무와 야근에 시달리는 법관들에게 가장 잔인한 달은 5월인 것 같습니다. 낮은 찬란하고, 밤은 부드러운 계절이지요. 회색 상자 속에 갇혀 감시모니터 두 개(판사 책상에 놓여 있는 업무용 컴퓨터 모니터 2개)를 쳐다보며 손에는 기록을 넘길 골무를 끼고 있노라면 '평생' 법관으로 살아가는 것에 대한 회의를 느끼게까지 만드는, 이 아름답고 그래서 위험한 계절에 상념에 빠져봅니다.

우리의 삶은 고속도로를 운전하는 것과 같습니다. 그저 앞을 보고 달립니다. 혼자 속도를 늦추면 전체의 흐름을 방해한다

며 바로 뒷사람에게 응징당해야 합니다. 꽉 막힌 길에서 기약 없
이 기다리다 문득 모든 것이 부질없이 느껴져도, 낡은 차 하나
버리고 가버릴 수도 없습니다.

우리는 책 속에서나 길 밖으로 나가는 행위를 꿈꿉니다. 하
루키의 『1Q84』에서 여주인공은 꽉 막힌 고속도로에 갇힌 택시
에서 나와 하이힐을 벗고 지상으로 이어진 비상계단을 걸어 내
려가 다른 세상으로 나갑니다.

저는 홍은택의 『아메리카 자전거 여행』이라는 책을 읽으며
우리의 삶에 대해 되돌아본 적이 있습니다. 80일에 걸쳐 미 대
륙 6400킬로미터를 자전거로 횡단하는 일 역시 길 밖으로 나가
는 행위입니다. 그것도 국가와 민족의 역사적 사명을 띠고 조국
을 알리려고 하는 것도, 불우이웃돕기 기금을 모금하기 위해서
도, 세계평화를 위해서도 아닌, 어떤 사명감 따위도 없이 오로지
'재미 때문에' 직장을 그만두고 가족과도 떨어진 채 발톱이 빠져
가면서 페달을 밟아 산맥을 넘고 사막을 건너는 일은 어릴 적 어
른들이 가르쳐준 이 세상의 규칙에 반하는 일이지요.

그는 14년간 밤낮 가리지 않고 일하고, 유학까지 와서 2년
간 학업과 일을 병행한 끝에 만 41세에 학위를 받고 공식적으로
백수가 됩니다. 그리고 여행을 떠나지요.

광대한 평원을 지나고 하늘에 닿은 산맥을 넘으며, 그는 조
리도구, 초를 켜는 랜턴, 여벌의 사이클복, 신발까지 하나씩 하나

257

씩 포기하고는 밤이면 0.6평짜리 텐트를 '입고' 대지에 누워 자면서 선언합니다.

　나는 돈이나 권력, 지위보다도 재미있게 잘 노는 사람이 가장 부럽다. (…) 근대화가 우리 머릿속에 새긴 집단적 무의식인지 또는 자본주의의 의식화인지 모르겠으나, 우리에게는 끊임없이 일을 해야 한다는 강박 같은 게 있다. (…) 노는 것은 항상 죄악시됐다. 놀면 어쩐지 맘 한구석이 불편하다. 노는 것은 일하는 또는 공부하는 중간의 일탈된, 주변적인 행동일 뿐이다. (…) 우리는 개미와 거북이를 떠받들고 베짱이와 토끼를 멸시한다. 우리는 일하는, 만들어내는 사람으로서의 인간인 호모 파베르다. 일을 통해서 자기를 실현한다고 배운다. (…)

　나는 '호모 루덴스'이고 싶다. 놀 줄 아는 사람이 되고 싶다. 나는 놀기 위해서 세상에 태어났다. 놀면서 이 세상에 있다는 거, 살아 있다는 것을 실감한다. 놀기 위해서 일하는 것이다. 노는 데는 어떤 의무와 조건도 붙어 있지 않다는 점에서 자유롭다. 자유는 신의 특징이다. 신은 누구의 창조물도 아니고 다른 누구를 위해 일하지 않으며, 세계는 제우스의 장난이라는 니체의 말대로, 세상을 창조해야 하기 때문에 창조한 것도 아니다. 신은 스스로 연유하며 스스로 완결된다. 노동이 신성한 게 아니라, 놀이가 더 신의 속성을 닮았다. 놀이는 일상적이고 지루하고 관습적이고 당위적인 세계에서 벗어나, 즉흥적이고 자발적이며 사소하며 창의적인 세계로 가는 몸짓이다. 천진난만한 아이가 되는 것이다.[•]

「공산당 선언」보다 더 도발적인 선언 아닙니까? 일과 놀이의 주종관계는 역전될 수도 있는 것입니다. 놀이를 더 열심히 일하기 위한 잠시의 휴식이나 재충전으로 보는 사람도 있겠지만 그 반대일 수도 있습니다.

물론 일과 놀이가 하나인 행복을 누리는 소수도 있겠지만 불행하게도 평범한 다수의 사람들에게 있어 일 자체가 행복의 원천이 되는 것은 쉽지 않습니다. 일상이 생존을 위해 견뎌야 할 무엇이 아니라, 놀이와 놀이 사이의 가슴 설레는 준비 기간이 되면 좋겠습니다.

사실 저 역시 미국 연수 시절 자동차로 5천 킬로미터를 달려 미국 서부를 종단한 적이 있습니다. 아름다운 요세미티를 지나 남하하다보면 데스밸리에 접어듭니다. 온 천지가 소금밭이다가, 타오르는 사막이기도 한 이 세상의 끝 같은 그곳에서 마주친 가장 인상적이었던 것은 생뚱맞게도 오페라 하우스였습니다.

---

• 홍은택, 『아메리카 자전거 여행』, 한겨레출판, 2006, 286~88쪽.

주변 40킬로미터 내에 사람 사는 곳 하나 없는 황량한 땅에 버려진 고스트 타운이 하나 있습니다. 삼십여 년 전 브로드웨이 댄서 마타 베케트Marta Becket는 공연 여행중에 이곳을 지나치게 되었지요. 다 무너져가는 버려진 소극장 건물을 본 그녀는 무언가에 홀린 것처럼 이 고스트 타운을 집으로 삼아 살기 시작했습니다.

그녀는 관객이 오든 말든 저녁이면 극장 무대에 서서 공연을 했습니다. 텅 빈 극장이 외로웠던 그녀는 극장 벽과 천장 가득히 중세풍의 관객들을 가득 그렸습니다. 저는 이 극장 안에서 저를 쳐다보는, 그로테스크하기까지 한 그림 속 관객들의 눈들을 바라보며, 그리고 사막을 배경으로 우아한 포즈를 취하고 있는 할머니 무용수의 사진을 보면서 비현실적인 느낌에 사로잡히지 않을 수 없었습니다.

세계의 한가운데에서 무대에 섰던 예술가는 왜 이 세상의 끝에 진짜 자신의 삶이 있다고 확신하게 된 것일까. 저는 자문했습니다.

너의 사막은 어디 있느냐. 아무리 아닌 척하면서 남들이 가는 안전한 길을 따라 걸어가도 불현듯 저항할 수 없이 너를 소환하고야 마는 블랙홀과 같은 사막. 우리 모두 시한폭탄 같은 각자의 사막을 품고 이 멀미나는 고속도로를 가고 있는 것은 아닐까. 우리도 놀 수 있다. 아니, 놀아야 한다. 우리도 놀기 위해 태어났다. 노는 것은 죄악이 아니다. 가정도, 취미도, 친구도 다 포기한 채 고독한 수도승처럼 의무의 감옥에 홀로 갇혀 있는 법관이 넓은 세상 속에서 펄떡펄떡 숨쉬며 살아가는 사람들의 삶을 법리라는 잣대로 재단하는 것을 이제 사람들은 칭송하지 않는다. 행복한 법관은 더 참고 들을 여유가 있고, 더 긍휼히 여길 줄 알며, 더 부드럽게 사람들을 대하는 방법을 알며, 동시대인들과 공감할 줄 안다.

판사도 결국 직장인이기에 묵묵히 일하며 살아가지만 마음속으로는 자유를 꿈꾸며 살아갑니다. '나는 놀기 위해 태어났다!'라고 외치며 말이죠.

3부

법원
유감

●

판사들의 야근과 과로에 대해 문제제기하고, 심지어 '나는 놀기 위해 태어났다!'고까지 외쳤지만, 현실은 쉽게 바뀌지 않았고 비극은 일어나고야 말았습니다. 『판사유감』이 출간된 후인 2015년 8월의 일입니다. 서울의 한 법원에서 일하던 37세의 여성 법관이 쓰러졌습니다. 과로에 의한 급성 심장사였습니다. 초등학교 1학년과 2학년 두 아이는 한순간에 엄마를 잃고 말았습니다. 충격을 받은 저는 이 지경에까지 이른 법원의 현실에 대해 법관들 사이에 솔직한 대화가 필요하다고 생각했습니다. 대법원에 '제도 개선 법관토론방' 개설을 제안했고, 2015년 9월에 토론방이 개설되자 글을 쓰기 시작했습니다. 3부는 그때부터 최근까지 쓴 글들입니다.

# 대화가
# 필요해

—

　　그렇지 않아도 여러모로 튀는 개인 활동을 하고 있는 주제에 코트넷(법관게시판)에까지 이런저런 글을 올리고 하는 것이 묵묵히 일에 전념중인 판사님들의 눈살을 찌푸리게 할 것 같아 망설였습니다. 그럼에도 불구하고 감히 키보드를 두드릴 수밖에 없다고 생각하게 된 몇 가지 일이 있어 솔직하게 말씀드리려고 합니다. 그렇게 비장한 이야기도, 대단한 이야기도 아닙니다. 그저 안타까운 이야기지요.

　　시작은 L 판사님의 비극이었습니다. 고인을 뵌 적은 없지만 고인이 얼마나 법관, 엄마, 아내, 아니 주어진 모든 역할에 헌신적이셨는지, 당사자들을 위한 좋은 재판을 위해 얼마나 진심으로 고민했는지를 고인과 가까웠던 판사님들로부터 전해 듣고 가슴이 먹먹했습니다. 그래서 고인과 가까운 분들은 '과로사'라는 수동적인 이름으로 규정되는 것조차 고인의 뜻에 맞지 않을 수 있다고 걱정하시더군요.

그런데, 그로부터 며칠 지나지도 않아서 우리나라 국민의 사법제도에 대한 신뢰도가 27퍼센트로 OECD 최하위권●이라는 기사를 접했습니다. 물론, 여기서의 사법제도란 경찰과 검찰도 포함한 것이지만 그런 이유를 들며 변명할 일은 못 됩니다. 기사를 전하는 언론들의 논조와 이에 대한 국민의 반응은 가슴 아플 만큼 법원에 냉소적이었습니다.

이 두 가지 일이 연이어 겹치니 솔직히 가슴 아픈 것을 넘어 울분이 느껴지더군요. 이렇게 훌륭한 판사님이 목숨을 바칠 만큼 헌신적으로 일한 결과가 국민의 불신과 냉소란 말인가. 물론 이 두 가지 일에 논리적인 관계는 없습니다. 하지만 어떤 상징적인 면은 있지 않을까요. 잠시 멈추어 우리 스스로를 돌아보라는 어떤 계시 같은 것으로 받아들인다면 지나칠까요.

우리는 분명히 열심히 노력했습니다. 영장실질심사제도, 공판중심주의, 구술심리, 국민참여재판…… 지난 십여 년간 법원은 끊임없이 보다 나은 재판을 위해 자기혁신을 위한 노력을 기

● OECD 발간, 『Government at a Glance 2015』(PDF), 171쪽 참조.

울여왔고, 그 변화의 과정에서 구성원들은 과중한 부담으로 힘들어하기도 했습니다.

그 과정이 헛된 것은 아니었습니다. 올해 법정 모니터링 프로그램 때문에 다른 판사님들의 재판을 두루두루 참관하면서 새삼스럽게 놀랐습니다. 재판장과 대리인, 당사자 사이에 자연스럽게 벌어지는 토론, 재판장의 친절한 절차 안내, 실물화상기를 통해 사진과 도면을 보며 벌어지는 활발한 질문과 대답…… 저도 하는 일이지만 법대 아래에서 다른 분들의 법정을 연이어 보면서 느끼는 감정은 또 다르더군요. 제가 1997년 임관했던 당시의 "소장 진술합니다" 또는 "모든 공소사실을 인정하고 반성하고 있습니다" 한마디씩만 간헐적으로 들려오던 서면 위주의 재판을 떠올리지 않을 수 없었습니다. 분명히 이십 년 사이에 재판의 모습은 극적으로 바뀌었다고 생각합니다.

그런데, 그것만으로는 충분하지 않았습니다. 아직도 우리는 국민의 불신과 냉소를 극복하지 못하고 있는 것이 현실인 것 같습니다. 그 현실 앞에서 우리가 얼마나 열심히 노력했는지, 야근과 과로를 감내해왔는지를 호소하는 것은 어리석은 일입니다. 돌아올 답은 이 사회에 너희들만큼 힘들지 않은 이는 없다, 하기 싫으면 그만둬라, 겠지요.

프로페셔널은 열심히 하는 것만으로 부족합니다. '잘해야' 합니다. 우리는 노력은 했으되, 아직도 충분히 잘하고 있지 못한 것입니다. 이번에 제정한 '대한민국 법원의 날' 행사들도 의미 있고 필요하지만, 지금 가장 법원에 필요한 것은 우리가 아직도 잘하고 있지 못한 것들이 무엇인지, 무엇이 아직도 국민의 불신과 냉소를 낳고 있는 것인지 스스로를 돌아보는 것 아닐까요. 디테일한 제도와 예규, 이론의 문제가 아니라, 진솔한 자기고백과 성찰과 대화로써 말입니다. 단시간에 가시적인 결론을 내리는 조급증을 가질 필요 없이, 크든 작든 다양한 고민들을 공유해가는 과정 자체가 큰 의미가 있을 것이라고 생각합니다. 그것이 돌아가신 L 판사님에 대한 가장 의미 있는 추모의 방식이기도 할 것입니다.

그리고 이와 함께 이루어져야 할 일은, 외부의 불신과 냉소 못지않게 우리 내부에 쌓여가고 있는 불신과 냉소에 대해서도 솔직히 대화하는 일입니다. 중간 세대인 저는 대법관님, 법원장님들부터 단독판사님, 초임 배석판사님들까지 다양한 세대, 다양한 직책의 분들과 친근하게 지내며 진솔한 속내를 듣곤 합니다. 제가 요즘 느끼는 것은 제가 임관한 이래 그 어느 때보다 법관들의 입장도, 생각도, 불만도 다양하다는 것입니다. 당연한 일이겠지요. 법관 인사제도도 크게 바뀌는 과도기에 있고, 인적구성 역시 크게 변화하고 있으며, 인원수도 역대 최다를 갱신중입니다. 크고 다양해진 조직 안에서 법원 운영에 관한 소외감, 낙오에 대한 공포, 마음속의 불만을 순응적인 태도로 숨기는 관성이 늘어가고 있습니다.

　이런 안타까운 모습을 지켜보며 느낀 것은, 마치 이혼사건이나 조정사건에서 느끼는 것과도 같습니다. 실제로 갈등의 요소가 있는 것도 사실이지만, 대화와 상호이해 부족으로 인해 갈등이 몇 배로 더 커지고 침묵 속에 불신이 커져가는 모습 말입니다. 소소한 문제라도 툭 털어놓고 대화하지 않으면 곪아서 큰 상처가 되기 마련입니다.

　이번 비극 이후 법원 행정처장님께서 이례적일 만큼 방대하고도 상세하게 인사제도 개선 방향에 관한 글을 올리신 일과 이에 뒤따른 설문조사, 간담회 등의 조치는 사법행정을 담당하는 분들이 이러한 문제를 진지하게 고민한 결과물이라고 생각합니다. 다행스러운 일입니다.

　그런데 대화란 상호작용입니다. 상대가 말을 걸었으면 이쪽도 응대하며 다시 말을 걸어야 대화가 이어집니다. 저는 행정처의 '말 걸기'가 결코 '우리가 다 알아서 잘할 테니 조용히들 있으라'일 리가 없다고 생각합니다. 함께 고민하자는 진심 어린 말 걸기라고 생각합니다.

　기수나 직책에 상관없이, 세대에 상관없이 우리는 모두 법관입니다. 저는 2007년경 전임 이용훈 대법원장님이 공판중심주의 개혁을 주창하며 법원 순회토론회를 하실 때 나가서는, 개혁의 방향은 옳으나 현실적인 여건을 도외시하고 구성원에게 무리한 부담을 주시면 동력을 잃고 말 것이라며 감히 "대법원장님부터 배석판사까지 계급장 떼고 토론해야 합니다"라고 말씀드린 적이 있습니다. 이용훈 대법원장님께서는 특유의 말투로 "계급장은 못 띠것는디?" 하시더군요. 하지만, 어떤 불편한 말도 끝까지 들어주셨습니다. 제가 생각하는 법원은 결코 언로가 막힌 조직이 아닙니다. 막연히 막혀 있을 거라고 두려워할 뿐입니다. 단지, 배려할 것은 대화의 방법뿐입니다. 서로가 서로를 존중하고 배려하는 비폭력 대화. 문제를 직시하되 일방을 매도하지 않고 전향적으로 해결을 모색하는 대화. 법관으로서의 절제와 배려를 갖추면서도 얼마든지 무엇이든지 이야기할 수 있습니다.

자유게시판에 판사가 글 하나만 쓰면 무슨 대단한 항명 사태라도 난 듯이 사발통문이라도 돌리는 듯이 받아들이는 것 자체가 비정상이라고 봅니다. 제가 필요하다고 생각하는 것은 비장한 선언도, 빵빵한 연구논문이나 무슨무슨 연구반도 아닙니다. 그저 일상적이기 이를 데 없는 '대화'입니다. 직장 동료이자, 동료 법관으로서 함께 고민해보고 싶은 것들에 대해 나누는 자유로운 대화.

그 마중물로서 저부터 함께 나누고 싶은 이야기들을 앞으로 생각나는 대로 올리고자 합니다.

배석판사님이든, 법원장님이든, 행정처 심의관이든 공감되는 점이 있으시면 말씀해주시고, 제가 놓친 점은 지적해주시고,

더 나아가 저뿐 아니라 많은 분들이 자유롭게 '동료들에게 말 걸기'를 시도해주시기를 소망합니다. 아기도 옹알이하다보면 말이 늘기 마련입니다.

# 왜 법관들은
# 행복하지 못할까?

—

　　　　　저와 함께 일하는 변호사 상근조정위
원 분들이 계십니다. 그중 한 분인 김 위원님은 연수원을 수료
한 후 서초동 작은 로펌에서 두어 달 일하다가 쉬던 중, 마침 풀
타임 근무 상근조정위원을 뽑고 있던 저와 연이 닿아 함께 일하
게 되었습니다. 부인과 어린 딸이 있는 김 위원님은 변호사 일은
전혀 안 하고 매일 법원에 출근해 조정을 합니다. 열정이 넘치는
분이라 몇 시간씩 조정을 진행하기도 합니다. 한번은 조정이 끝
나고 나니 대화에 몰입하느라 저녁도 못 먹어 배가 고파서 어지
러웠다고 하시더군요. 중간에 부인으로부터 "아직도 조정중이
냐"는 전화가 와서 사건 당사자에게 전화를 바꾸어주었더니 "아

직 조정중이니 조금만 기다려주세요"라고 하더랍니다. 그런데, 이번에는 그 당사자의 배우자로부터 전화가 왔길래 김 위원님이 전화를 넘겨받아 "지금 조정중이니 조금만 기다려주세요"라고 하고는 당사자와 마주보며 서로 웃었다는군요.

저는 이 이야기를 듣고는 열심히 하시는 것도 좋지만 이렇게 무리하게는 진행하지 마시라고 간곡히 말씀드렸습니다. 여하튼, 매 사건을 분석하고, 법리 검토하고, 당사자를 대면하여 끝까지 이야기를 경청하고, 설득하여 해결책을 모색하는 김 위원님의 노력은 대단합니다.

이 노력으로 받는 보수는 월 400만 원에 맞춰 지급하는 조정수당이 전부입니다. 아무런 기타 수당도 보너스도 복지 혜택도 없지요. 미래도 불투명합니다. 열심히 일하면 로펌 파트너가 되거나 높은 자리에 올라가는 것도 아니고, 부자가 될 기회가 있는 것도 아닙니다.

그런데, 김 위원님은 이렇게 말합니다. "비록 일은 힘들지만, 로펌 고용변호사로 일할 때보다 지금이 만배는 행복합니다." 얼굴 가득 환한 미소를 띠며 말이죠.

김 위원님 같은 분을 더 모시고 싶다는 욕심에 올해 연수원을 수료한 두 분의 변호사를 더 상근조정위원으로 선발했습니다. 몇 달이 지난 후 법원장님과 함께 오찬을 하게 되었습니다. 신규 위원 두 분 모두 조정사건을 진행하면서 느낀 점들, 인상적이었던 사건들을 신나게 말씀하시더군요. 오랜 공부 끝에 사회에 나와서 처음 실무를 접하게 된 흥분이 고스란히 느껴졌습니다.

이야기하다보니 신규 위원 중 한 분이 법 교육에 관심이 많다는 이야기가 나왔습니다. 아이들이 좋아 대학 때 초등교육을 전공했던 분인데, 연수원 다니면서 초등학생을 위한 쉬운 법 교육 프로그램 개발에 관심을 가지게 되었다고 합니다. 미국 자료를 구해다가 번역해보기도 하고, 나중엔 아예 스스로 초등학생을 위한 모의재판 시나리오를 여러 개 써보았다고 합니다. 기존법 교육 자료는 딱딱한 법률 용어가 많아서 별로라고 하더군요. 급식시간에 줄을 서 있는데 새치기를 한 아이 때문에 싸움이 생기고, 그런데 새치기한 아이는 원래 자기 자리였는데 잠시 화장실에 다녀온 것이라고 하고. 이런 상황을 만들어 아이들에게 시비를 가려보도록 하는 등의 내용이죠. 시나리오를 만들고는 무작정 초등학교를 찾아가서 교장선생님을 설득하여 직접 법 교육을 시험 삼아 진행해보기도 했답니다.

이야기가 이쯤 흘러갈 때, 제가 농담조로 끼어들었습니다. "위원님, 조심하세요. 법원에서는 보통 그런 얘기를 하면 바로 니가 해봐, 하십니다." 위원님 맞은편에 앉은 수석부장님이 엄청나게 경청하고 계셨거든요.

그런데, 위원님 대답은, "기회를 주시면 감사하죠! 전 조정위원 일과 별도로 아이들 눈높이 법 교육 프로그램 개발은 평생

해보고 싶은 일이에요."

……눈이 반짝반짝 빛나더군요. 물론 수석부장님은 기꺼이 기회를 드리겠다고 하셨고요.

신규 위원 중 다른 한 분은 공대 출신인데, 이공계 마인드가 넘치는 분입니다. 이분은 조정 프로세스를 전산화해 효율을 높이는 프로그램 구상을 하고 있다고 하더군요. 매사에 프로그램화하는 버릇 내지 취미가 있는 듯했습니다. 저는 들어도 무슨 소리인지 잘 모르겠지만……

여하튼 시끌벅적한 오찬을 마치고, 위원들을 돌려보낸 후 판사실로 올라가는 엘리베이터에서 법원장님이 말씀하시더군요.

"보통 판사님들과 오찬 할 때는 시키기 전에는 아무도 말씀을 안 하는 경우가 많지 않아? 위원 분들 대단하네."

이제 다시 최초의 질문으로 돌아갑니다. 이 조정위원 분들은 힘든 감정노동에 매일 종사하면서도 "만배는 행복하다"고 자신 있게 말하는데, 판사님들 중 저렇게 자신 있게 행복하다고 말하는 분들은 왜 만나기 어려운 것일까요. 열심히 하고 있지만 그래도 사건처리 경쟁에 뒤져서 평정 '하'를 받아 재임용 탈락될까봐 두렵다는 말씀을 하는 분들은 점점 늘어나는데 말이죠.

조정위원이 하는 일은 사실 재판과 크게 다르지 않습니다. 쟁점에 관해 치열하게 토론하고 해결을 모색하는 일이죠. 비슷한 업무에 종사하는 법관들이 조정위원이 말하는 행복과 보람을 만끽하지 못하는 이유는 무엇일까요. 그리고, 법원장님 앞에서든 누구 앞에서든 주저 없이 '내가 해보고 싶다'고 '나서는' 판사님들을 찾아보기가 쉽지 않은 이유는 무엇일까요. 최소한 성적 면에서는 이 세 위원들보다 훨씬 뛰어난 성과를 보인 분들로 구성된 법원인데도 말이죠. 아이디어가 없을 리 없고, 의욕이 없을 리 없는데, 무엇이 이 젊은 인재들을 침묵하게 만드는 것일까요.

혹시 우리는 묵묵히 야근하는 것만이 미덕인 분위기 속에서 겉으로는 평화롭지만 속으로는 침묵의 카르텔과 낙오에 대한 공포, 냉소적인 수동적 공격성이 지배하는 조직이 되어가는 것은 아닐까요? 같이 고민해봤으면 하는 질문들입니다.

# 법관이 누릴 수 있는 행복, 그리고 그걸 가로막는 요소들

—

"변호사 할 때보다 만배는 행복하다"고 말하는 조정위원이 누리는 행복은 무엇일까요. 평소 그의 이야기를 종합해보면, 결국 '힘든 누군가를 돕는다는 보람' 그리고 '일의 시작부터 끝까지 자기가 주체적으로 해낸다는 자부심'이더군요.

전자는 누구나 공감하실 것이고, 후자에 대해 더 말씀드리고자 합니다. 몇 달 전 로스쿨 출신 신임 법관 연수 때 강의(라기보다 수다)를 맡아 신임 판사님들과 말씀을 나눴습니다. '왜 판사가 되었느냐?'는 질문을 드려보았는데, 행정부 사무관으로 일하다가 법원으로 오신 분이 이렇게 말씀하시더군요. "정부 부처에 있을 때는 업무의 80~90퍼센트가 윗분들께 보고하는 일이었습니다. 어차피 일이 많을 거라면 차라리 내가 주도적으로 할 수 있는 일을 하고 싶다는 마음이 들었습니다."

저는 이 말씀을 듣고 속으로, 제발 힘들게 법원에 오신 이분이 배석판사를 하면서 '윗분에게 보고하는 일'만 하는 사람이 되지 않기를 빌었습니다. 배석판사님을 자신에게 보고하는 하급자로 취급하는 부장님들이 반대로 적성에 맞는 정부 부처나 기업으로 옮기셔야겠지요.

조정전담판사로서 저의 상근조정위원 시스템 운영원칙은 '신중하게 훌륭한 분을 선발하고, 법원을 위한 조정이 아니라 당사자를 위한 조정이 되어야 한다는 대원칙을 공유하며, 초기 업무 수행을 관찰하여 신뢰가 형성된 후에는, 철저하게 자율성을 부여하여 믿고 맡긴다'는 것입니다. 믿을 만한 분들을 뽑은 이상, 그분들이 시도하는 다양한 조정 기법(재미있는 시도를 하는 분들이 많습니다), 기일 운영, 단기적으로는 변동하게 마련인 처리 건수나 성공률 등에 대해 눈 딱 감고 일단 믿고 맡겼습니다.

이 시스템에서 스타플레이어들은 조정위원들이고, 저는 매니저이자 단장인 셈. 제가 하는 일은 시행착오의 과정에서 발생하는 외부 불만에 대한 대응, 조정에 필요한 각종 시설 및 비품, 보조인력 등의 지원, 그리고 이분들의 노고와 창의에 대한 인정과 감사입니다. 인간에게는 누구나 자연스러운 '인정 욕구'가 있기 때문입니다. 연세가 칠순에 가까운 위원님들도 아들뻘인 제게 찾아오거나 메일을 보내 "제가 이번에 이런 시도를 해봤습니다" "조정실 모니터에 띄워놓을 조정시 준수사항 화면을 만들어 보았습니다" "넉 달 동안 여덟 번 속행한 끝에 철천지원수가 된 형제를 화해시키고 조정실이 울음바다가 되었습니다"는 등의 말씀을 하십니다. 스스로 느끼는 보람이 가장 큰 행복이지만, 사회적 동물인 인간은 타인으로부터도 정당한 평가와 공감을 얻고 싶은 것이 당연하죠.

제 돈 들어가는 것도 아닌데 제가 인색할 이유가 있겠습니까? 대단하십니다! 훌륭하세요! 전국 최고의 조정위원이십니다! 치어리더복 입고 폼폼 들고 깡총깡총 뛰는 듯한 기세로 응원해드리고, 기회 있을 때마다 칭송하고 다닙니다. 표창장 상신하고, 성공사례 발표할 자리 마련하고, 신문 칼럼에 쓰고, 만나는 사람마다 자랑하고, 잘한다 잘한다 잘한다! 내 새끼 내 새끼 내 새끼! 위원님들 볼 때마다 이런 자세로다가……

그리고 중요한 것이 '업무량 조절'이었습니다. 저 역시 시스템 운영 초기에는 한정된 예산으로 판사님들의 부담을 최대한 덜어드려야 한다는 생각이 앞서서 조정위원 분들에게 최대한 많은 사건을 맡기고, 기일이 변경되면 어떻게든 그 시간에 다른 사건을 꽉꽉 채워넣었습니다. 비정규직을 혹사하는 악덕 기업주

노릇을 톡톡히 한 것이죠…… 눈 빠져라 통계를 들여다보게 되더군요. 위원님들 얼굴이 누렇게 뜨는 것을 보고서야 깊은 반성을 했습니다. 감정노동인 조정을 컨베이어벨트에 부품 올려서 조립하듯이 빡빡하게 시키다뇨. 시스템 관리자로서 제 과욕과 어리석음이었지요. 저 또한 어느덧 성과주의의 노예가 되어가고 있었던 겁니다. 부끄러울 뿐입니다. 사건배정 수를 줄이고, 변경된 시간대는 그냥 비우고, 중간중간에 아예 조정기일을 빼 재충전하시도록 했습니다. 그제야 조정위원님들의 표정이 다시 밝아지기 시작했습니다.

제 조정전담부 운영 경험에 관한 이야기를 길게 드린 이유는 어쩌면 법원 전체가 당면하고 있는 문제에 대한 시사점이 될지 모르겠다는 생각이 들어서입니다. 조정위원들이 느끼는 행복은 법관들도 당연히 충분히 누릴 수 있는 것들입니다. 법관 수 대폭 증원을 통해 좋은 재판이 가능한 구조를 만들자는 차성안 판사님의 글과 논문을 읽으며 느낀 것이 바로 이런 행복이었습니다. 본인 소신대로 좋은 재판을 마음껏 시도해보며 느낀 희열과 보람, 하지만 그걸 지속 불가능하게 만드는 과도한 업무량에 대한 분노, 그리고 그 현실을 바꾸고 말겠다는 의지. 비슷한 시도를 이탄희 판사님의 「형사단독재판에서의 공판중심주의적 법정심리의 실제」라는 글에서도 볼 수 있습니다. 공판중심주의에 부합하는 이상적인 재판을 직접 실현해보겠다는 이 판사님의 열정적인 분투기였지요. 저는 이 모습을 같은 법원에서 지켜보면서 격려도 하고, 무리하지 말라고 조금 말리기도 하고 했었답니다. 역시 차 판사님 경우와 마찬가지로 희열과 보람, 그리고 이상적인 재판을 실현하는 것을 힘들게 하는 현실의 벽들을 생생하게 볼 수 있는 훌륭한 글입니다.

소년 분야에서 새로운 시도를 하는 분들이 많으시지요? 저는 가까이에서 심재완 판사님과 문선주 판사님의 창의적이고 헌신적인 작업들을 지켜보며 늘 감동하곤 했습니다. 엄청나게 많은 일들을 벌이면서 누구보다 행복하게 일하시더군요. 천종호 부장님도 그러시겠지요. 예전에 부산에서 단독재판을 하시면서 외국인을 위한 외국어 재판 매뉴얼을 자체 제작하셨던 판사님도 기억납니다.

이 모든 일들은 '누가 시켜서' '좋은 근평(근무평정)을 받기 위하여' 할 수 있는 일이 아니라고 생각합니다. 그리고, 이분들은 '자기가 좋아서 제멋대로' 했기 때문에 힘든 일을 벌이면서도 행복하셨다고 생각하고요.

결국 저는 법관들이 누릴 수 있는 본연의 행복을 복원하기 위해서는, 우선 물적 여건에 해당하는 과도한 업무량의 감소가 필요하고, 다음으로는 '자율성과 주체성, 다양성'이 존중되는 조직을 만들어야 한다고 생각합니다.

이런 심리학 실험이 있었다고 합니다. 대학생들에게 타인을 대가 없이 도와주도록 부탁하자 상당수 학생이 기꺼이 도와주고 자신의 경험에 만족했습니다. 그런데 똑같은 행위에 대해 소액의 보상을 지급한 경우, 상당수 학생이 보상이 너무 적다는 것에 대해 불만족을 표시합니다. 전자는 뇌가 '자발적인 이타심의 발로'로 인식하고, 후자는 '대가 있는 서비스 제공'으로 인식하기 때문이죠. 일의 양만 중요한 것이 아니라, 일의 성격이 중요하다는 의미로 말씀드린 예입니다.

'위에서 시켜서' '근무평정 때문에' '통계 때문에' '남들보다 뒤질까봐 두려워서' 하는 일에서 보람과 행복을 찾기는 어려운 일입니다. 앞의 실험결과에서처럼 그런 타율적이고 수동적인 인센티브가 뇌를 지배하면 늘 불만족이 발생하고, 자발적인 창의를 발휘할 이유가 적어집니다. 기업이 직장을 놀이터처럼 꾸미고 구성원들이 각자 알아서 새로운 프로젝트를 시도해보도록 권장하며 '일과 놀이'의 구분을 없애는 것은 사실 인간 심리를 고도로 이용하여 최고의 성과를 뽑아내기 위한 경영전략입니다. 상사가 시켜서 하는 것이 아니라, 내가 즐거워서 하는 일이라는 분위기를 끊임없이 조성하는 거죠.

그런데, 제 느낌으로는 앞서 예를 든 몇 분의 예외적인 경우를 제외하고는, 그런 활기찬 분위기를 법원에서 찾는 것은 쉽지 않은 것 같습니다. 저는 감히 그 이유 중 중요한 부분이 지난 십여 년간 재판제도를 개선하기 위한 노력이 중앙집권적, 톱다운 Top-down 방식으로 지속적으로 이루어진 것의 부작용이 아닐까 생각합니다. 계속 새롭게 등장하는 심리 방식, 예규, 매뉴얼, 새로운 제도…… 물론 이런 과정에서 서면중심재판이 법정중심재판으로 바뀌는 크나큰 변화가 이루어지고 있다고 생각합니다만, 이제는 그 과정의 부산물로 쌓인 피로감과 부작용도 한번 돌아볼 때가 된 것 아닌가 합니다.

### 내 재판, 내 일이라는 보람

언제부턴가 법관들은 끊임없이 사법행정의 영역에서 하달되는 새로운 요구와 기준에 수동적으로 따라가기도 버거운 상태가 된 것이 아닐까요. 재판기일은 주 몇 회 이상 열어야 하고, 시차제 소환은 몇 분 단위로 해야 하고, 판결문은 언제 등록해야 하고, 법정에서는 당사자와 아이 콘택트를 하며 이런이런 대화법을 구사해야 하고…… 근무평정을 배경으로 하는 이런 디테일한 요구들이 끊임없이 주어지는 상황에서 법관들이 '내 재판' '내 일'이라는 자율성과 주체성, 보람과 행복을 만끽하기는 참으로 어려운 일입니다.

게다가 온갖 통계들이 개발되어 법관 평가의 핵심으로 작동하고 있습니다. 여기에 하위 근평을 이유로 한 재임용 탈락 사례가 알려지면서 젊은 법관들에게 과도한 심적 부담이 발생하고 있습니다. 다들 우수하고 다들 열심히 하기 때문에 상대평가하에서는 누구도 안전할 수 없다는 입시 경쟁과 다를 바 없는 공포심이죠. 이런 공포심을 인센티브로 돌아가는 조직은 평균적이고 양적인 성과에만 치중하는 조직입니다. 통계 숫자를 위해 일하면 고객에게 감동을 줄 수 없습니다. 무리수와 꼼수만 새롭게 개발될 따름이죠.

앞에서 예를 든 판사님들의 시도, 조정위원들이 해내고 있는 일 등은 통계 숫자를 위해 일한 결과들이 아닙니다. 자신을 위해 일한 결과들이죠. 법관들이 각자 자기만족을 위해, 자기 소신대로 마음껏 멋진 내 재판을 해보겠다는 의욕이 샘솟도록 하는 조직 분위기가 조성될 때 진정 국민을 감동시키는 재판이 속출하고 사법부에 대한 신뢰가 회복될 것이라고 생각합니다. 그것은 꼭 대단한 아이디어와 혁신적인 시도만을 일컫는 것이 아닙니다. 기본 중의 기본인 당사자를 위한 진심이 담긴 재판에 집중하는 것으로 족합니다.

제도만능주의를 경계해야 할 것 같습니다. 무슨 대단한 새로운 제도, 연구용역, 매뉴얼, 예규, 전문가 강연 없어도 사실 내 재판 당사자를 위해 진심으로 좋은 재판을 하겠다는 마음과 상식만으로도 우리는 많은 좋은 일을 할 수 있는 것 아닌가요. 제가 언급한 조정위원이 무슨 심리학, 협상이론 연구를 해서 조정을 잘하는 것이며, 심재완 판사가 무슨 미국 소년법원 연수를 다녀와서 본드 중독 청소년들을 도울 수 있었던 것인가요.

기본에 집중할 수 있는 법원이면 좋겠습니다. 법원의 일 모든 영역에서 보람 있게 일할 수 있습니다. 소액 재판을 맡든 고정 재판을 맡든 개인파산을 맡든 내 재판을 받는 사람들을 위해 실질적으로 도움이 되도록 성의 있게 재판을 하면서 보람을 누릴 수도 있고, 하다보면 작은 부분이라도 개선할 점을 발견하여 새로운 시도를 해볼 수 있습니다. 다양한 시도는 법원을 살아 있게 합니다.

조직사회에서 경쟁적 요소를 배제할 수는 없겠지요. 어차피 불가피한 경쟁이라면 주요 통계 수치를 놓고 벌이는 양적인 경쟁이 아니라 각자 자기 재판을 제대로 해보려는 다양한 시도 속에서 도출되는 질적인 경쟁이었으면 합니다. 예전 국민학교 졸업식에서는 전교 일등이라는 특정 기준 충족 학생이 대부분의 상장을 독식했습니다. 요즘 초등학교 졸업식에는 달리기 잘하는 아이, 그림 잘 그리는 아이, 친구를 잘 도와주는 아이, 책 많이 읽은 아이…… 온갖 이름으로 대부분의 아이들이 상을 나눠 갖습니다. 승자독식의 피라미드를 과감히 해체하고 모두가 승자가 될 수 있는 수평선을 만들면 다들 자신의 방식으로 승자가 될 수 있습니다.

이게 다 나이브한 소리고 '법관의 나태화' 우려가 심각하다고 하실 분들도 많을 것입니다. 우려의 근거도 잘 압니다. 감히 말씀드리자면 전 인간사회의 속성상 모두가 똑같이 성실하고 의욕적일 수는 없다고 봅니다. 다수의 무난하게 성실한 그룹, 소수의 특별히 적극적인 그룹, 소수의 나태한 그룹이 어느 집단이나 발생하겠죠. 저는 일정 정도까지는 그런 다양성까지도 '허용된 위험'의 범위에 들어간다고 봅니다. 모두를 달리게 하기 위해 휘두르는 채찍이 낳는 부작용(수동성, 타율성, 의욕 저하 등)과 비용 대비 효율성 비교를 해본다면 말이죠.

그래서 합격-불합격Pass/Fail식의 절대평가 방식 업무평가가 필요하다고 보는 것입니다. 국민, 당사자에게 피해를 주는 수준의 허용 불가능한 나태함은 당연히 엄격하게 평가해 페널티를 주어야 하지만, 그렇지 않은 이상에는 차이를 줄이고 다양한 재능을 인정하는 방식이 되어야 합니다. 예일 로스쿨은 소수만 엄격히 선발한 후 합격-불합격 방식에 가깝게 평가해 학점 경쟁에서 해방시킨 후, 다양한 지적 탐험을 권장하며 진정한 미국의 지도자를 육성하고자 한다고 합니다. 한국의 법관 선발 과정이 예일 로스쿨 학생 선발 과정보다 결코 쉬운 것은 아니라고 생각하지 않으십니까? 게다가 법원은 단순히 효율성과 성과주의를 지표로 운영되어서는 안 됩니다. 재판의 독립이라는 더욱 중요한 가치를 침해해서는 안 되기 때문입니다.

재판제도 개선에 있어 톱다운 방식의 타율성에서 각 재판부

중심의 자율성으로, 양적 경쟁에서 질적 경쟁으로, 그리하여 법관이 마땅히 누려야 할 보람과 행복을 느낄 수 있는 법원을 꿈꿔봅니다.

# 법원행정처는
# 왜 문제인가[*]

—

    법원행정처라는 조직의 말단에서 예
전에 잠시나마 근무하면서 생각했던 것들이 있어 최소한 그것만
큼은 말씀드리는 것이 맞겠다는 생각이 듭니다. 이 또한 저의 부
족한 경험과 식견의 한계에 갇힌 개인 의견일 뿐입니다.

    최소한 제 경험으로는 행정처나 사법행정을 담당하는 분들
의 선의와 열정은 의심할 수 없었습니다. 감히 저 같은 개인주의
자로서는 따라가기 힘들 뿐이었지요. 그리고 역사적으로 볼 때
영장실질심사제, 공판중심주의, 법정중심재판, 국민참여재판에
이르기까지 국민을 위해 중요한 사법제도 개혁을 이루어온 성과
도 분명합니다. 행정처를 무슨 악의 축처럼 취급하는 것에는 찬

성하기 어렵습니다.

　하지만, 선의 여부에도 불구하고 결과적으로 기존의 사법행
정제도는 몇 가지 심각한 문제를 낳아왔습니다.

　먼저 '뭣이 중헌디?'의 문제를 낳았습니다.

　유치한 질문을 하나 드리겠습니다. 사법행정과 재판 중에
무엇이 중요한 일입니까? 하나마나한 질문이겠죠? 당연히 엄마
가…… (죄송) 재판이 중하지요. 법원에서 근래 십 년간 이루어
진 일 중에 국민의 신뢰를 제고시킨 일, 반대로 저하시킨 일들을
꼽아보시면 거의 모두가 개별 재판일 것입니다. 법원 내부에서
는 엄청난 것같이 느껴지는 일들도 국민 대부분의 관심 밖입니
다. 하물며 예규 개정하고 TF 해서 무슨 자료집 만들고, 법복 디

---

■ 2017년 3월, 또 한 번의 충격적인 뉴스가 터져나왔습니다. 법관들의 모임인 국제인권
법연구회에서 법관 독립 강화를 위한 인사제도 개혁을 주제로 한 학술대회를 준비하고
있었는데, 바로 그 연구회에서 활발한 활동을 하고 있던 이탄희 판사를 법원행정처 심의
관으로 신규 발령한 후, 그에게 학술대회를 축소할 방안을 마련해 실행하라고 지시했다
는 것입니다. 이 판사가 위법한 지시에 응할 수 없다고 항의하며 사표를 제출하자, 행정
처 인사발령을 취소하고 당초 소속 법원으로 되돌려 보냈다는 내용의 기사였습니다. 아
직 행정처 컴퓨터 조사가 이루어지지 않은 터라 뒤에 밝혀진 더 심각한 문제들(행정처의
재판 개입 의혹 등)은 알려지지 않은 상태였지만, 행정처가 법관들의 자율적인 학술활동
을 억압하고 판사들을 통제하려 했다는 사실만으로도 충격적이었습니다. 전국적으로 이
를 규탄하고 진상을 밝힐 것을 촉구하는 법관회의가 이어졌습니다. 이 글은 당시 '제도
개선 법관 토론방'에 쓴 글입니다. 저는 이용훈 대법원장 시절에 법원행정처 사법정책실
에서 근무한 경험이 있는데, 그 당시의 경험을 토대로 부족하나마 제가 생각하는 행정처
의 문제점을 적어본 것입니다.

자인 바꾸고 외국 법관 모시고 행사하고 등등 행정처에서 일상적으로 하는 일들 대부분은 재판과 감히 비교할 수 없는 일들에 불과합니다.

왜 그런 일을 한창 일할 의사와 능력 모두 최고로 상승기에 있는 판사들을 뽑아 맡기는 낭비를 하는 것인지 알다가도 모르겠습니다. 솔직히 행정처 심의관들이 하는 일 중 대부분이 연구반 도시락 주문하고 보고서 취합하는 간사 역할에 불과하고 실질적인 연구조차 일선 법관들이 희생적으로 참여해 하고 있는 것 아닌가요? 사실 그 심의관들도 간사 노릇 시키지 말고 형사, 민사, 소년 무엇이든 일선 재판장으로 자기 소신껏 재판하라고 하면 펄펄 날아다니면서 좋은 재판, 재판제도 개선을 위한 실험을 알아서 할 사람들이라고 생각합니다. 낭비도 이런 낭비가 없습니다.

저는 모든 법관의 능력과 성실성이 다 똑같다는 비현실적인 가정은 하지 않습니다. 인간은 천차만별입니다. 저 자신의 이기심과 나태함, 치밀하지 못함을 잘 알고, 동료 및 선후배님들 중 유독 탄복할 수밖에 없는 유능하고 성실한 분들이 있음을 잘 알기에 더욱 그렇습니다. 이탄희 판사님도 그중 한 분입니다. 선후배 여부에 관계없이 존경스러운 분들입니다(원래 나이 어려도 잘생기면 다 오빠인 법입니다).

저는 공산주의자가 아니고 기본적으로 능력주의, 성과주의에 경도되어 있습니다. 저는 판사님들 모두가 훌륭하시지만 그 중에서도 특별히 능력과 열정, 성실성이 뛰어난 분들은 있다고 생각하고, 이들에게 우리 사회를 위해 더 많은 일을 할 기회가 주어지는 것은 좋은 일이라고 생각합니다.

단지, 그 일이 가장 중요한 일, 즉 '재판'이어야 한다고 믿을 뿐입니다. 가장 우수한 인재는 평생 가장 중요한 일, 재판에 종사하면서 끊임없는 혁신의 선도 사례를 전국에서 만들고, 사법행정은 그걸 지원하고 정리하여 전파하는 보조 역할을 하는 것이 맞다면, 사법행정은 그걸 경험해보고 싶은 자원자에게 맡기거나, 법관 아닌 전문 인력에게 상당 부분 이양해도 무방한 것 아닐는지요.

사개위(사법개혁위원회), 사개추위(사법개혁추진위원회) 등을 통해 법원 주도의 중요한 사법개혁이 이루어지던 시대의 일시적 경험이 사법행정의 중요성을 과장해온 것이 아닐까 싶기도 합니다. 분명 그 시기에 필요하고 중요한 일을 많이 해낸 것은 사실이지만, 그건 일종의 개발도상국적인 예외 아닐까요? 우리나라 법무부가 검찰부에 불과한 비정상이, 대법원이 선진국의 법무부 노릇을 대신하는 또다른 비정상을 낳은 것입니다. 법제도 개혁은 법무부와 의회가 하는 것이 당연하고 사법부는 만들어진 법으로 재판을 하는 것이 본연의 역할 아닌가요. 예를 들어 대법원이 국민을 위해 징벌적 배상제 도입을 연구 발표하고 법안을 만드는 식의 일종의 정치 행위를 한다면 아무리 동기가 선의여도 부적절한 것 아닐까요.

고생하신 분들께는 죄송한 말씀이지만 솔직히 지난 십 년간 행정처의 주 업무는 일 터지면 수습하고 대책 발표하고 숱한 연구반 만들어서 언제 실제로 쓰일지 알 수 없는 연구만 산더미같이 하는 것 아니었을까요. 그렇다고 정권이 바뀌었다고 또 '영광의 시절' 같은 역할을 꿈꾼다면 이 나라는 시스템적으로는 발전하지 못하고 제자리만 맴돈다는 증거가 되겠죠.

이제는 '문민 우위의 원칙'처럼 '재판 우위의 원칙'을 확고히 해야 하지 않나 싶습니다. 불가로 치자면 성철 스님이 있고 법정 스님이 있다면 고결하게 참선하고 공부하시게 해야지 어디 속된 절 살림살이로 저잣거리를 드나들게 만든단 말입니까. 경험 삼아 일이 년도 아니고 수 년, 심지어 십 년 넘게까지 그런 궂은일을 시키는 것은 인재를 아낄 줄 모르는 인사권자의 이기심이거나, '뭣이 중헌디'에 대한 생각이 다르거나, 그것도 아니라면 진짜 중요한 일인 재판은 못 맡기고 살림이나 맡기겠다는 냉정한 평가일 텐데 당최 그중 어느 것인지 잘 모르겠더이다.

행정처 근무 자체보다 그 근무 경력자들의 이후 보직이 더욱 문제입니다. 분명 사법행정에 유독 탁월한 능력을 가진 분들이 계시고, 인사권자로서는 적재적소에 인재를 배치하는 것이 당연할 것입니다. 만약 그런 연유로 사법행정에 종사한 기간이 몇 년 이상에 이른 경우 점유취득시효가 완성되어 향후 정년까지 '평생사법행정관'에만 종사하고 다시는 재판을 맡지 못한다면? 또는 맡더라도 재판을 오래 떠나 있었던 점을 감안해 작은 사건만을 맡긴다면? 그래도 지금처럼 조직 내에 '뭣이 중헌디?'에 대한 가치전도 현상 같은 것이 존재할까요?

'일만 시간의 법칙'이란 것이 있다는데 일정 수준의 천재부터는 그게 적용되지 않는다는 것인지 재판과 관계없는 업무를 일만 시간 맡기다가 갑자기 사회적 영향력이 크고 복잡한 사건을 주로 하는 재판부에 떡하니 배치하거나, 일만 시간 이상 재판에 종사한 하급심 법관의 재판을 파기하는 고등부장 또는 대법관을 맡기곤 하니 이도 참 알 수 없는 일입니다.

물론, 정말 예외적인 천재는 어디에나 존재해서 경험과 훈련을 이기기도 합니다. 뭘 해도 잘하는 분들이죠. 이런 분들이 계셔왔기 때문에 재판이야 딴 일 하다 맡겨도 어차피 잘해내겠지, 하며 회전문식으로 사법행정만 자꾸 시키다가 또 갑자기 중요 재판을 맡고 하시는 것 같은데, 공정함 자체보다 공정하게 보이는 외관이 더 중요하다는 격언이 있습니다. 이는 인사권 행사에도 적용되는 것 아니겠습니까? 사법행정보다 재판이 더 중요하다는 생각에 동의한다면, 재판 업무에 오래 종사하면서 좋은 재판을 해오신 분들이 중요 재판(물론 모든 재판이 다 중요합니다만, 현실적으로 형사합의, 영장, 행정재판 등의 사회적 영향이 크다는 의미로)과 상급심 재판을 맡도록 원칙을 세우는 것이 맞지 않을는지요. 그 반대로 인사를 운영하면 조직에 사법행정이 재판보다 중요한 것이라는 잘못된 사인을 보내는 것입니다. 코치가 사인 잘못 내면 주루사하고 경기에 집니다.

행정처 출신 위주로 주요 재판부와 상급심 재판을 맡기는 것의 문제는 외부로부터도 발생합니다. 원래 판사란 누구에게 아쉬운 소리를 해서도 안 되고 아쉬운 소리를 들어주어도 안 되는 야멸찬 직업입니다. 그런데, 사법행정은 외부에 아쉬운 소리를 하는 것이 주요 업무입니다. 예산, 법안 등을 놓고 누구는 의원님들에게 읍소하고 누구는 보좌관님들, 행정부 사무관님들에게 읍소해야 합니다. 이거 참 판사 적성에 안 맞는 일인데 가끔 기가 막히게 이것까지 잘해내는 분들이 있어 우리가 그 덕을 보고 있는 것입니다. 삼전도의 굴욕 덕에 오랑캐의 화를 피하고…… (에고 이건 좀 안 맞는 비유인 듯하니 취소)

언론을 상대하는 일도 마찬가지입니다. 저는 공보관님들을 볼 때마다 안쓰러워서 눈물이 앞을 가립니다. 부탁하는 게 일이기 때문입니다. 그 많은 언론을 상대로 법원에 조금이나마 상처가 될 기사를 막아보려고 오해를 풀어보려고, 핸드폰이 과열되어 귀에 화상을 입을 때까지 통화를 하고 평소에 기자 분들과 소주잔을 기울이며 친분을 다져야 합니다. 정말 큰 희생이지요. 이런 일 하려고 판사 되신 분은 아무도 없을 겁니다.

그런데, 세상에 공짜가 있습니까? 판사들의 아쉬운 소리를 들어준 외부인들은 그들 역시 판사들에게 아쉬운 소리를 할 수 있는 '자유이용권'이 생겼다는 일종의 묵시적 약정 성립으로 이해하는 게 당연합니다. 그리고 이 사회에 판사에게 아쉬운 소리 할 일이 없는 사람은 아마 단 한 명도 없지 않을까요? 게다가 행정처, 기획법관, 공보관 등 업무를 하면서 외부와 접촉하고 아쉬운 소리를 하게 되는 판사들이 결코 불우하게 잡역에 차출된 사람들이 아니라 좀 지나면 형사합의, 영장전담, 고등부장 등이 되어 선거사건, 부패사건, 언론사 상대 손해배상사건 등등을 맡게 된다는 것이 외부에도 이미 잘 알려져 있습니다.

과연 정치인, 관료, 언론이 사법부를 너무나 존중하고 사랑해서 법원의 아쉬운 소리를 들어주겠습니까? 지금 상대하는 이 판사들에게 은혜를 입히고 좋은 스킨십을 만들어놓는 게 실손보험 가입보다 훨씬 가성비가 좋다는 주판을 놓고 있는 것 아닐까요?

오해하시면 안 됩니다. 저는 대외 업무를 담당했던 판사님들이 재판 업무 복귀 후에 외부의 청탁을 들어줄 것이라는 모욕적인 말씀을 감히 드리는 것이 아닙니다. 다들 진짜로 훌륭한 분들이십니다. 문제는 외부에서는 인간사회의 '게임의 규칙'상 뭔가 얘기할 권리가 있다고 생각하고 부적절한 시도를 할 수 있다는 것입니다. 지금 현재 대외 업무를 맡고 있는 분들을 통해 진행 상황을 알아봐달라고 부탁한다든지, 사법부의 현안에 대해 괜한 트집을 잡으며 괴롭힌다든지 기타 등등. 그들 입장에서는 법원이 자기들 아쉬운 소리 할 때는 언제고 갑자기 거룩한 척하며 '먹튀'한다고 생각하겠죠. 그러다보니 '지나치게 강대하다' 운운하는 소리도 나오고 하나봅니다.

또 한 가지 중요한 외부로부터의 문제가 있습니다. 계란은 한 바구니에 담지 말라는 투자 격언이 있죠? 이른바 엘리트 또는 인재를 행정처라는 한 바구니에 담았다가 중요 보직으로 내보내는 인사가 계속되면 시장의 콘택트 포인트가 예측 가능해집니다.

서울중앙지법 형사합의, 영장전담, 서울고등 부패전담 등 몇몇 재판부가 처리하는 사건들이 최대 매출 창출처인 초대형 로펌 입장에서는 리쿠르트 하기가 쉽죠. 행정처 근무 경력자들을 집중적으로 스카우트하면 이들의 행정처 동료, 선후배들이 법원의 중요 재판과 상급심을 맡을 테니, 큰 사건 수임하기 좋지 않겠습니까?

그게 반복되면 대체 어느 쪽이 행정처인지 구분이 안 될 정도로 행정처 근무 경력자가 층층시하로 잔뜩 모여 있는 로펌이 외부에 생겨날 수 있습니다. 게다가 일반적으로 판사가 하지 않는 '궂은일'을 특공대처럼 같이 하며 밤마다 서초역 인근에서 폭탄을 말아먹다보면 해병대식 끈끈함이 생기기 마련이라, 이 또한 그중 일부가 반복적으로 소수 초대형 로펌들로 갈 경우 위험

요소가 될 수 있습니다.

물론 그럼에도 불구하고 판사님들은 공정함을 견지하실 것이라 믿습니다만, 공정함 자체보다 공정하다는 외관이 더 중요한 것 아니겠습니까. 그리고 슬프게도 우리나라 법조 시장은 그놈의 '외관'을 가지고 의뢰인들에게 희망고문을 하며 수임하는 구조가 정착되어 있습니다. 그러니 애초에 '외관'이 생길 여지를 원천 차단하도록 노력해야겠죠. 사법부에 대한 신뢰는 마치 싸라기눈 같아서 쌓이기는 어렵고 흩어지기는 쉽다고 여러 선배님들께서 걱정해주신 말씀을 명심해야겠습니다.

다음 문제는 '선을 넘을 위험성'입니다. 손만 잡고 자겠다고 해놓고…… (죄송. 이 얘기가 아닌데. 가만, 비슷한 거 같기도 하고)

인간은 생각보다 외부 영향에 잘 휘둘리는 존재입니다. 아무리 우수한 인재라도. 스탠퍼드대학의 간수-죄수 심리학 실험 얘기는 잘 아시죠? 일 열심히 해서 인정받는 인재들은 대부분 모범생들입니다. 어려서부터 경주마처럼 목표를 향해 매진하는 데 익숙하고 칭찬받는 데 익숙하지요. 문제는 목표를 가리키는 사람, 아주 칭찬해~ 하는 사람이 실수할 때입니다. 워낙 우수하고 성실해서 이 경주마들은 불구덩이를 향해 묵묵히 달려갈 수 있거든요.

저는 이번 사태의 본질이 이것일지 모른다고 생각합니다.

'악의'가 아니라 '선의'에서 비롯되었을 것이라고 감히 생각해요. 늘 듣는 말이 있지 않습니까. '좋은 취지라 하더라도 외부에 알려지면 만에 하나 사법부의 신뢰를 해칠 수 있는 예민한 사안인데……' 하고 윗분들이 침통하게 걱정하기 시작하시면, 누군가 조직에 대한 충성심 강한 사람은 분연히 떨쳐 일어나 '제가 최대한 설득해보겠습니다!' '방안을 강구해보겠습니다!' 하게 되고 다시 또 그 아래 있는 사람은 밤을 새워가며 뭔가 좋은 방법이 없을까 고민해보게 되고.

게다가 인간에겐 인정 욕구라는 엄청나게 강렬한 욕구가 있기 마련이고, 피라미드식 행정조직은 더더욱 그것으로 돌아가기 마련. 어느새 애초에 왜 이 일을 하기 시작했는지에 대한 성찰은 사라지고 무슨 수를 써서라도 잘해내서 '아주 칭찬해~' '수고 많았어~'라는 당근을 베어 물고 싶어지는 것이 인간.

그러다보면 아무리 괜찮은 판사라도 조금씩, 아주 조금씩 '이 정도까지는 괜찮아' '이게 다 사법부를 위한 일인데 누군가는 궂은일도 해야지' 등등 다양한 자기합리화 기제가 발동되면서 선을 넘을 수 있는 것 아닐까요.

이탄희 판사님이 대단하신 이유는, 모범생 우등생 특유의 예의바르고 순종적인 본능을 이겨내고 자기를 인정하고 칭찬하고 믿어주는 사람들의 웃는 면전에서, 근본에 대한 성찰, 넘지 말아야 할 '선'에 대한 지적을 선명하게 했다는 점입니다. 벌거

벗은 임금님에게 꼬추 보인다고 제일 먼저 웃어낸 꼬마처럼. 웃는 얼굴에 침 뱉는 거, 정말 어려운 일이죠. 그런데 뱉어야 할 때는 뱉어야 하는 것입니다.

그렇다고 '선'을 넘고야 만 분들에게 돌을 던지고 싶지도 않은 것이 솔직한 심정입니다. 안 그러려고 노력했지만 저도 거기 근무할 당시 넘은 '선'이 있을 수 있고, 저 또한 칭찬받고 싶고 인정받고 싶었기 때문입니다. 인간이란 게 그렇게 나약한 존재입니다.

그래서 이탄희 판사님뿐 아니라 조사대상에 오른 젊은 판사님들에 대해서도 너무나 안타까웠습니다. 상명하복의 행정조직이란 '아랫것'들은 결코 큰 그림을 볼 수 없게 되어 있는 구조입니다. 그리고 책임은 책임자가 지는 것입니다. 책임을 지지 않을 거면 책임자가 있을 이유도 없고요.

근본적으로는 '선'을 넘을 위험성이 있는 업무에 판사를 종사시키면 안 됩니다. 판사는 보호되어야 합니다. 외부의 영향으로부터도, 내부의 압력으로부터도, 심지어 자기 자신의 나약함으로부터도. 판사가 훌륭한 인간들이어서가 아니라, 판사의 일, 즉 '재판'이 그만큼 중요하기 때문입니다.

그런 점에서 개개인이 아닌 회의체, 그것도 구성원이 계속 바뀌는 법관대표회의가 사법행정의 주요 역할을 담당하고, 궂은 일은 아예 비법관 전문인력에게 전담시키는 미국식 제도는 분명

매력적인 점이 있습니다. 디테일까지는 연구가 부족하여 모르겠습니다만, 큰 방향만큼은.

행정처란 결국 대법원장의 비서조직, 참모조직입니다. 그런데 우리나라 대법원장은 재판제도 개선, 인사제도 개선에서 임기 중 업적을 남겨야 한다는 압박에 시달리게 됩니다. 결국 사법행정이죠. 그러다보니 인사권자 입장에서는 단기간에 성과를 낼만한 우수 인재를 사법행정에 투입할 유혹을 느낄 수밖에 없겠지요.

그런데 미국 연방대법원장이 사법행정 영역에서 업적을 남기려고 분투한다는 얘기 들어보셨나요? 얼 워런Earl Warren(미국 제14대 연방대법원장)이 역사에 이름을 남긴 이유는 무슨 인사제도 개선하고 전자소송 도입하고 친절 교육 해서가 아닙니다. 인종차별 문제 등에서 정치적 사회적 압력에도 굳건하게 국민의 헌법상 권리를 옹호하는 판결들을 남기는 데 리더십을 발휘했기 때문이죠.

물론 미 연방대법원과 우리나라 대법원이 구조적으로 다른 점이 많은 것은 사실입니다만, 그래도 감히 소망합니다. 대법원장도 법관이고, 법관에게 있어 가장 중요한 일은 재판이라면, 우리나라의 대법원장님들도 '좋은 재판'이라는 본연의 업무에 묵묵히 매진하셔서 우리 사회를 위해 좋은 판결을 많이 남기셨으면 합니다.

아빠도 아빠가 처음이듯,
우리도 이런 일은
처음이잖아요?▪

—

그런 광고가 있었던 것 같습니다.

아이에게 성급하게 화를 냈던 아빠가 사과하면서, "미안해.
아빠도, 아빠가 처음이란다"라고 고백하는 내용입니다.

역사적인 첫 전국법관대표회의 후에 이곳 게시판이 시끄럽지
요. 그게 언론을 통해 생중계되는 것이 부끄럽기도 할 것입니다.

하지만, 우리도 처음이잖아요. 각자 묵묵히 자기 재판에만

▪ 드디어 2017년 6월, 전국법관대표회의가 최초로 개최되어 '사법부 블랙리스트 의혹'
등에 관한 추가 조사를 결의하게 되었습니다. 그런데, 서로 입장이 다른 법관들 사이에서
회의 절차 등에 관하여 전국법관대표회의 게시판을 통한 논란이 벌어졌고, 감정적인 대
립으로까지 격화되기도 했습니다. 이런 과정이 언론에 생중계되며 많은 법관들이 자괴감
을 느끼기에 이르렀습니다. 이 시기에 쓴 글입니다.

전념하는 독립기관인 판사들이 백 명의 대표를 뽑아 예민한 현안에 대해 논의하는 것은. 민주주의란 원래 시끄럽고, 비효율적이고, 때론 좀 부끄럽기도 하고, 그런 것 아닐까요. 조용하고, 효율적이고, 깔끔한 것은 잘 운영되는 관료제겠죠.

저는 우리가 각 법원 판사회의를 통해 선출한 대표분들이 익명이든 실명이든, 회의 전이든 회의 후든, 소수든 다수든, 동료들로부터 제기되는 모든 목소리를 경청하고 결국은 현명하게 해법을 찾아가시리라고 신뢰합니다. 글을 올리는 분들도 조금만 여유를 가지셨으면 합니다.

민주주의란 어쩌면 구성원 모두의 발을 서로 묶고 뒤뚱뒤뚱 걸어가는 이인삼각 달리기인지도 모르겠습니다. 좋든 싫든 결국은 모두가 함께 내딛은 만큼만, 겨우 그만큼만 가까스로 전진할 수 있으니까요.

방향에 대해 생각이 다른 이, 속도에 대해 생각이 다른 이, 관심 자체가 별로 생기지 않는 이, 이 모두가 결국 나름대로 각자의 달리기를 하고 있는 것이겠죠. 그 자체를 겸허하게 받아들여야 한다고 생각합니다.

힘든 시기에 헌신적인 희생을 하고 계신 대표분들께 감사와 존경의 뜻을 전합니다.

# 법관의
# 정치성 ▪

—

　　아무래도 민감한 시기라 '법관의 정치
성'이라는 이슈는 주목받기 쉽고 또 오해도 받기 쉬운 것 같습니
다. 주제넘지만 제가 이해하기로는 지금의 논란에는 다소의 오
해가 있는 것 같습니다. 문제되고 있는 글은 미국 연방항소법원

▪ 2017년 9월에는 한 법관의 법관게시판 글 때문에 이른바 '법관의 정치성' 논란이 일었
습니다. "개개의 판사들 저마다 정치적 성향들이 있다는 진실을 받아들이고 나아가 이를
존중해야 한다." "재판이 곧 정치라고 말해도 좋은 측면이 있다. 직업으로서의 정치를 말
하려는 것이 아니라, 정치 본연의 역할은 사회집단 상호 간의 이해관계를 조정하며 공통
의 문제를 해결하고 사회 질서를 바로잡는 것이라는 의미에서 본다면 말이다." "법관 독
립을 보장함으로써 사법부의 그러한 약간의 다양성(정치적 다양성 포함)을 허용하는 것
이 우리 사회의 공존 번영에 기여할 것임을 우리 사회는 받아들여야 한다"는 내용의 글
이었습니다. 보도 후 언론과 정치권 등에 의해 이 글을 쓴 법관에 대한 심각한 비판이 쏟
아졌습니다. 이 글은 당시 제가 법관게시판에 쓴 글입니다.

판사이자 시카고대 로스쿨 교수인 리처드 포스너Richard Posner 판사의 법철학 이론을 배경으로 다소 추상적인 일반론을 이야기하는 것이지 현실 정치에서의 정파성 얘기를 하는 것이 아니라고 이해하기 때문입니다.

리처드 포스너는 『법관은 어떻게 사고하는가』 등의 저작을 통해 판사가 판결을 내리는 과정에는 법관의 경험, 기질, 이데올로기는 물론 개인적 경험에서 비롯한 호불호 등 여러 요인이 무의식적으로 반영된다고 고찰하고 있습니다. 이는 당위론이 아니라 심리학적인 분석입니다. 방점은 '무의식적으로'에 있다고 봅니다.

이는 새삼스러운 얘기도 아닙니다. 법원도 이미 거의 십 년 전부터 심리학, 뇌과학 등의 최신 연구결과를 참조하여 법관 판단에 영향을 미치는 각종 인지적 편향, 오류를 직시하고 이를 줄이는 방안을 연구하고 법관연수과정에 반영하고 있지 않습니까.

오해의 소지가 생기는 부분은 그다음부터인 것 같습니다. 문제되는 글을 쓴 판사님은 "개개의 판사들 저마다의 정치적 성향들이 있다는 진실을 받아들이고, 나아가 이제는 이를 존중해야 합니다"라고 쓰셨는데, 이 부분에 대해 내외부에서 우려의 목소리가 들리는 것 같습니다. 판사들이 각자의 정파성을 판결에 적극 반영해야 한다는 주장인 것으로 독해한 결과인데, 물론 글 전체적으로는 그런 취지라고 보이지 않지만, 오해할 소지가 있는 것도 사실인 것 같아 안타깝습니다.

리처드 포스너는 "법관이 여러 외부요인에서 자유로울 수 없다면 그런 실상을 솔직히 고백하고 법 해석시 사려 깊고 비당파적인 입법자라면 이 법을 어떻게 해석했을까를 부단히 자문하라"고 주장합니다. 물론 여기서 방점은 '사려 깊고 비당파적인 입법자'에 있습니다. 법관게시판의 글 취지 역시 정파적이고 독단적으로 판단하자는 것은 당연히 아니었다고 생각합니다. 오히려 헌법과 법률, 양심에 따라 깊이 고민해야 할 의무를 강조했다고 생각합니다.

"법관 개개인 생각에 다양한 차이가 있는 것이 현실이다. 따라서 이는 옳은 일이다"는 전형적인 자연주의적 오류겠지요. 문제는 실존하는 그러한 차이와 법관의 의무(헌법과 법률, 양심에 따라 판단할 의무) 사이의 관계입니다.

저는 몇 년 전 법의 날 행사로 서강대 로스쿨 학생들과 이야기 나눌 기회가 있었습니다. 어떤 학생이 고통받는 이들이 너무나 많은 사회 현실과 법의 괴리가 심해서 공부할수록 회의가 든다는 취지의 질문을 하더군요. 저는 잠시 고민하고 이렇게 답했습니다. "그 고통받는 이들의 목소리를 헌법과 법률의 언어로 통역하는 것이 로스쿨에서 학생이 하는 공부입니다. 정치인이나 사회운동가는 정치의 언어로 이야기하지만, 법률가는 법의 언어로 이야기하는 것이 역할이기 때문입니다."

법관이 기계적인 법 기술자로 전락하지 않으려면 끊임없이 사회에 대한 관심을 가지고 치열하게 고민해야 하지만, 그 고민은 어디까지나 헌법과 법률, 일반적으로 공유된 법 이론의 틀을 통해 보편적인 설득력을 가질 수 있도록 '통역' 가능해야 합니다. 그 한계를 벗어나면 개인의 정치적 소신 피력에 불과하고 권한 남용이 됩니다.

그래서 사회를 설득하는 것 이전에 먼저 법률가 집단의 수긍 내지 인정(결론에는 반대하지만 논증 과정에는 법적으로 오류가 없다)을 받을 수 있어야 한다는 것이 전제조건입니다. 선의와 정의감에서 비롯한 결론인 것은 알겠지만 법이라는 틀 내에서 설득력이 부족하다면 그것은 실패한 판단입니다.

이런 점에서 우리가 경계해야 하는 이른바 '튀는 판결'이란, 기존의 상급심 결론과 다르거나 아직 우리 사회에서 익숙하지 않은 판결 모두가 아니라, 법적인 논증이 치밀하지 못해 결론만 튈 뿐 거기 이르는 과정에 설득력을 가지지 못하는 판결이라고 봅니다. 그래서 더더욱 어렵고 신중할 수밖에 없습니다.

물론 너무나 당연한 원칙론이고, 문제되고 있는 글 역시 이와 다른 이야기가 아니라고 생각합니다. 단지 이 원칙론과 신중론을 지나치게 강조하다보면 자칫 깊은 고민 없이 선례를 찾아서 이를 맹종하는 기계적인 판단을 양산할 수 있다는, 반대 측면에서의 부작용을 경계하는 말씀으로 이해합니다.

다행히도 우리의 헌법과 법률, 특히 헌법은 사회 현실보다 훨씬 앞서 있는 부분이 많기에, '정치성' '양심' 등의 논쟁적인 틀을 굳이 가져올 필요가 없다고 생각합니다. 저는 늘 대한민국 헌법에 충실하게만 법을 해석하고 적용해도 사회는 훨씬 나아질 것이라고 생각합니다. '헌법적 문제의식을 가지고 합헌적 법률 해석을 하기 위해 노력하자'로 필요하고 충분하지 않을까요.

정치란 한정된 자원을 놓고 이해관계가 다른 세력들이 무력으로 살육전쟁을 벌이던 것을 평화적으로 제도화한 것이고, 법원은 그 정치의 산물인 법을 적용하여 분쟁 당사자들에게 승복을 제도적으로 요구하는 곳입니다.

인류는 살육전을 대체하기 위해 그것이 신화이든 뭐든 중립적인 심판 집단을 만들고 복잡한 룰을 만들어 양쪽 모두 거기에 (마음에 안 들지만) 따르기로 하고 있는 것입니다. 아슬아슬한 중립지대 같은 것이죠. 그곳에서 일하는 심판인 법관들에게는 여러 가지로 중첩적인 답답한 구속이 있을 수밖에 없겠지요. 활발하게 외부에 글을 쓰고 있는 제가 답답한 구속 운운하는 것이 참 위선적인 얘기이기도 하여 마음이 무겁습니다만, 저 나름대로는 스스로 그 구속을 잊지 않고 선을 지키려 애는 쓰고 있다는 변명을 드릴 수밖에 없습니다. 물론 그 '선'조차 제가 주관적으로 긋는 것이라 늘 자신에게 관대해질 수 있지만요. 글이란 것이 참으로 어렵고도 어렵습니다.

누구보다 더 법관의 사명에 대해 뼈저리게 고민하는 한 젊은 법관의 글 중 일부 오해 소지 있는 부분 때문에 의도가 잘못 전달되어 해당 법관에게 깊은 상처가 남는 일은 부디 없었으면 하는 안타까운 마음에 감히 주제넘은 글을 올립니다.

에필로그

5년 전 『판사유감』이라는 제목을 지을
때만 해도 이후 어떤 일이 법원에 벌어질지는 생각하지도 못했
습니다. '유감'만이 가득한 나날을 보내며 제목을 잘못 지었나,
하는 우스운 생각도 들었습니다. 사람이라는 게 이렇게 어리석
습니다.

아래 이어지는 『판사유감』 초판의 에필로그는 제 글쓰기의
시작점이라고 할 수 있는 「파산이 뭐길래」를 썼을 당시의 심경
을 투박할 만큼 직설적으로 담은 것이었습니다. 말하자면 저의
초심 같은 것이지요.

***

한참 전 일이지만 「파산이 뭐길래」를 썼을 때의 기억이 생생합니다. 『법원회보』에 쓴 그 글이 어떻게 된 건지 인터넷에 엄청 퍼졌더군요. 댓글도 수없이 달리고요.

저는 그때 천 개 가까이 되는 댓글들을 다 읽었습니다. 그수많은 이름 모를 분들의 한마디 한마디에서 느낀 것이 너무나 많아서입니다. 솔직히 촌스럽게도 댓글들을 읽다가 펑펑 울었습니다. 왜냐고요? 감동해서가 아니고 그분들께 죄송해서입니다.

사실 제 글은 지극히 상식적인 글일 뿐입니다. 고아원 봉사를 가본 대학생이라도 비슷한 생각을 하고, 비슷한 글을 쓸 수 있을 것입니다. 저는 그냥 직업이 판사고, 얄팍한 글재주가 조금 더 있었을 뿐입니다.

그런데 그렇게 많은 분들이 글 내용 자체보다도 단지 '판사'가 쓴 글이라는 이유만으로 너무나 과하게 고마워하시고, 감동하시더군요. 도대체 이 나라 공직자들이 얼마나 냉정하고 시민들과 동떨어진 삶을 사는 냉혈한으로 보여왔기에 그렇게 반응하시는 겁니까. 도대체 국민들이 고마워할 이유가 무엇입니까. 국민들이 힘들게 벌어서 내는 세금으로 월급 받고 편안하게 사는 저 같은 자들은, 원래 직업이 공공서비스를 제공하는 것입니다. 공공의 이익을 위해서 일하라고 월급 받고 사는 겁니다. 자기가 맡은 일에 대해서 어느 정도 고민하고 문제의식을 갖는 것은 프로페셔널들에게 당연한 의무입니다. 그걸 안 하는 자들을 질타할 일이지 그걸 한다고 고마워할 필요는 없습니다.

그리고 말만 번지르르한 저 따위보다 훨씬 훌륭한 많은 분들이 묵묵히 자기 일을 하면서 힘든 이들을 위하여 필요한 것은 무엇일까 고민하며 공직에 헌신하는 삶을 살고 있습니다. 믿지 않으셔도 말입니다.

사실 저는 다른 월급쟁이들처럼 적당히 나쁜 짓 할 때도 있고, 게으름도 피우고, 불평도 하며 살고 있습니다. 근본적으로 지독한 이기주의자에 개인주의자라서 멸사봉공할 뜻도 없고 제 자유와 행복이 세상에서 제일 중요한 사람입니다.

틈만 나면 나는 놀기 위해 태어났다고 외치며 아름다운 지구별 구석구석을 여행할 계획을 세웁니다. 단지 시험 하나 잘 봤다는 이유로 안정된 삶, 막중한 책임, 보람 있는 일을 할 기회를 부여받았으면서도 늘 만족하지 못하고 다른 길은 없을까 기웃거리기도 합니다.

하지만 판사의 일이라는 것이 응급실 의사처럼 상처받고 고통받는 사람들의 피맺힌 하소연을 매일 들어야 하는 일입니다. 아무리 심장이 얼어붙은 냉혈한이라도 외면할 수 없는 비극이 있고, 아무리 지독한 에고이스트도 무관심할 수 없는 부조리가 있습니다. 측은지심이 인간의 본성이기에 세상 어느 누구라도 울컥하게 만들고 고민하게 만드는 사연들을 가끔이라도 마주칠 수밖에 없습니다.

하지만 고민에 그칠 뿐, 무력할 때가 더 많습니다. 나름 최선을 다해도 방법이 없는 일이 많은데, 하물며 최선을 다하지도 못할 때가 많고요. 치워도 치워도 또 쌓이는 눈처럼 처리할 사건은 끊이지 않으니 결국 고민도 무뎌지고 일은 일일 뿐 자기 살길부터 찾게 됩니다.

세상에 신경 끄고 쿨한 개인주의자로 내 인생이나 행복하게 살든지, 세상을 조금이라도 더 낫게 바꾸기 위해 성실하게 헌신하며 살든지, 뭐 둘 중 하나로 정리되는 성격이면 편하겠는데 이건 본질은 전자인 주제에 후자를 감기처럼 가끔 주기적으로만 앓고 사니 남는 건 자기모멸일 때가 많습니다.

그런 자에게 과분하게 고마워하시고, 기대하시는 것은 실은 감당할 수 없는 부담을 주는 일입니다. 자격도 없고, 적당히 비겁하고, 적당히 속물이기도 한 자를 위선자로 만들어버리는 일이기도 합니다.

세상에는 한결같이 이타적으로 살아가는 훌륭한 분들도 계시지만 평범한 대부분의 사람들은 저처럼 적당히 이기적이겠지요. 하지만 중죄인들에게서도 어린아이같이 순수한 구석을 찾을 수 있듯이, 이기적인 개인들에게도 이왕이면 남을 돕고 싶고, 가능한 범위에서는 좋은 일을 하고 싶은 본능도 있습니다. 비록 큰 희생까지는 감수하지 않으려 하고, 한결같지도 않고, 또 결국 그 자체가 또다른 자기만족이라 하더라도 이 작고 미약한 이타심, 다시 말하면 평범한 사람들의 소박한 선의에 대한 신뢰가 세상을 살 만하게 만드는 것 아닐까요.

갈수록 우리 사회는 서로를 불신하고, 자신의 기준으로 세상을 선과 악으로 나눕니다. 서로가 서로를 위선자라고 이를 갈며 증오합니다. 세상이 반반으로 갈라져 증오하는 불행한 시대에 나이브한 개인주의자인 저 같은 자들은 설 곳이 없습니다. 그저 혼자 생각합니다. 기대하지 않으면 실망도 없는데, 세상 모든 것의 본질은 밥그릇 싸움이고 결국 모두가 이기적인 것을 굳이 욕하지 말고 있는 그대로 인정해버리면 어떨까. 그게 유전자 차원의 본능이라지 않은가. 그럼에도 불구하고 누구에게나 다른 구석도 조금씩은 있다는 것에 순진하지만 담대한 희망을 갖고 말이다. 세상은 가까이서 보면 비극이지만 멀리서 보면 희극이라지 않은가.

마약, 섹스, 상소리가 난무하는 19금 미드 〈캘리포니케이션〉에서 이런 멋진 대사를 발견했듯이 말이죠.


Anyone can be cynical.

냉소적으로 구는 건 누구나 할 수 있어.

Dare to be an optimist.

담대하게 낙관주의자가 되라구.

***

이제 와 다시 읽어보니, 여전히 유효한 다짐이기는 하지만 너무 쉽게 단언했었구나, 하는 생각이 듭니다. 사람들의 선의를 신뢰하는 것도, 세상 모든 것이 밥그릇 싸움이고 모두가 이기적이라는 것을 인정하면서 동시에 담대한 희망을 가지자는 것도. 틀린 얘기여서가 아니라, 그것은 모든 것을 걸고 부딪쳐 산산이 부서진 이후 그 잿더미 위에서나 비로소 할 수 있는 말이기 때문입니다. 저는 저런 말을 할 자격이 없습니다. 이왕이면 좋은 게 좋은 거,라는 식의 낙관은 곪아들어가는 현실에 대한 눈가림으로 이용될 수 있고, 손쉬운 자기위안에 불과할 수도 있습니다. 저는 제가 평생을 몸담아온 법원에서 어떤 일들이 벌어지고 있었는지 눈을 뜨고도 보지 못했습니다.

『판사유감』 출간 이후에도 3부에 실은 글들을 꾸준히 법관게시판에 써왔지만, 법원행정처 컴퓨터에서 발견된 문건들을 읽은 후로는 더이상 법관게시판에 어떤 글도 쓸 수 없었습니다. 신문에 쓰던 칼럼도, SNS도 그만두었습니다. 감히 우리 사회에 대해 이러쿵저러쿵 말할 자격이 없다는 생각이 들어서입니다.

먼 훗날, 다시 이 책을 개정하는 날이 온다면, 그때는 다시 담대한 희망을 얘기할 수 있으면 좋겠습니다.

판사유감 개정증보판
ⓒ 문유석 2019

1판 1쇄 2019년 10월 14일
1판 11쇄 2024년 7월 30일

지은이 문유석
기획 김소영 | 책임편집 박영신
디자인 최윤미 이주영 | 저작권 박지영 형소진 최은진 오서영
마케팅 정민호 서지화 한민아 이민경 안남영 왕지경 정경주 김수인 김혜원 김하연 김예진
브랜딩 함유지 함근아 박민재 김희숙 이송이 박다솔 조다현 정승민 배진성
제작 강신은 김동욱 이순호 | 제작처 영신사

펴낸곳 (주)문학동네 | 펴낸이 김소영
출판등록 1993년 10월 22일 제2003-000045호
주소 10881 경기도 파주시 회동길 210
전자우편 editor@munhak.com | 대표전화 031)955-8888 | 팩스 031)955-8855
문의전화 031)955-3579(마케팅), 031)955-1905(편집)
문학동네카페 http://cafe.naver.com/mhdn
인스타그램 @munhakdongne | 트위터 @munhakdongne
북클럽문학동네 http://bookclubmunhak.com

ISBN 978-89-546-5813-3 03300

www.munhak.com